Wunderbare Gärten

Tore zum Paradies

Photos von Marina Schinz
Text von Susan Littlefield
unter Mitarbeit von Marina Schinz

DuMont Buchverlag Köln

Seite 1: Ein ländliches Hüttchen, überwuchert von Kiftsgate-Kletterrosen (rosa filipes).

Seiten 2—3: Die buchsbaumumstandenen Beete des Culpeper-Blumengartens an einem Hügel beim Leeds Castle in Kent strotzen vor Strauchrosen, Storchschnabel, Glockenblumen, Rittersporn, Iris und Frauenmantel.

Seite 4: Ein Pavillon der Villa Marlia bei Lucca öffnet sich zum Garten hin.

Seite 7: Der Garten der Frick Collection in New York wurde 1975 von Russell Page entworfen. Ein rechteckiger Seerosenteich bildet das Zentrum des vom Charakter her klassischen Gartens.

Aus dem Amerikanischen von Sascha Mantscheff

Satz des deutschen Textes: Fotosatz Froitzheim, Bonn
Printed in Japan ISBN 3-7701-1917-7

Für Larry Rubin

Einführung

Einen Garten zu schaffen — das heißt, eine bessere Welt zu suchen. In diesem nahen Umgang mit Natur scheint es, als ob uns eine Vision vom Paradies leiten würde. Sei das Resultat nun ein Meisterwerk der Gartenkunst oder »nur« ein bescheidenes Gemüsebeet, es beruht doch auf der Erwartung einer herrlichen Zukunft. Diese Hoffnung auf die Zukunft ist das Herzstück aller Gärtnerei. Jeder, der seinen Boden bestellt, muß mindestens ein paar Wochen vorausdenken oder sich gar den Garten des kommenden Jahres vorstellen; die meisten Gärtner sind dabei überzeugt, daß allezeit Verbesserungen im Gange sind. So ist die Gärtnerei eine Übung in Optimismus — und manchmal ist es der Triumph der Hoffnung über die Erfahrung.

Obgleich alle Formen der Gärtnerei der Mühe wert sind, können nicht alle Resultate als künstlerische Leistungen gelten. Wenn ein Garten ästhetisches Vergnügen bereiten soll, muß der planende Geist auch tatsächlich ein Konzept bestimmen und seine Inhalte auswählen. Wie Russell Page bemerkte, sollte an erster Stelle die Idee, das Thema, stehen. Dieses Thema kann alles sein: ein geometrisches Muster oder eine Pflanzengruppe, ein vorhandenes Landschaftsmerkmal wie ein Baum, eine Mauer oder ein Gewässer, oder ein architektonisches Konzept wie eine Abfolge von Räumen. Wenn dieses Thema betont und erfolgreich dargestellt wird — wenn die Idee klar ist, wenn die Komposition aus Raum, Formen und Farben gelungen ist, wenn die Pflanzen ein harmonisches Ganzes bilden — dann erst kann man vom Garten behaupten, er sei ein Kunstwerk. Während die Grundlagen der Gärtnerei — Dinge wachsen zu lassen — zunächst einfach scheinen, ist es doch schon schwieriger, ein Meisterwerk zu schaffen. Hier spielen viele Faktoren eine Rolle: Der Boden, das Klima, das Timing und der mögliche Arbeitsaufwand müssen in die Überlegungen miteinfließen. Gärten sind nie »fertig«. Sie sind immer in einem Übergangszustand, und jeder Moment der Perfektion ist flüchtig. Der Versuch, diese Vision aufs Bild zu bannen, bedeutet, diesen kurzen Moment der Pracht zu jagen.

Als Photographin bin ich vor allem an Gärten interessiert, die visuell befriedigen. Für dieses Buch habe ich Gärten von verschiedenem Charakter und verschiedener Ausstrahlung ausgewählt. Sie stellen entweder die Bemühungen eines einzelnen Gärtners dar oder spiegeln den Ansatz einer ganzen Nation. Die hier vorgestellten einzelnen Gärtner reichen vom einfachen Bauern — mit seinem kleinen, fruchtbaren Fleckchen Erde und einer erfrischend naiven Idee bis zum geschulten Herbalisten mit gründlichen Kenntnissen einer bestimmten Pflanzengruppe. Einige Gärten zelebrieren die Passion für eine einzige Blume, die Rose, und für die Bühne, auf der sie im Juni ihre überwältigende Vorstellung gibt. Der Gemüsegarten kann ebenso dekorativ wie funktionell sein, während Staudenrabatten das Farbbedürfnis des Malers befriedigen können. Die italienische Renaissance hat uns gelehrt, anmutige Wohnräume im Freien zu schaffen, während die Franzosen uns klassische Gärten geschenkt haben, die eine stolze Unterwerfung der Natur vor Augen führen. Doch der Höhepunkt der Gartenbaukunst ist meiner Ansicht nach der englische Garten, dessen Grundstruktur und hervorstechendes Merkmal — die getrennten Bereiche — ihm ein Moment der Erwartung und der Überraschung verleiht.

Heutzutage stellen wir fest, daß unser Geschmack sich den natürlichen, »ungeformten«, ungezwungenen und asymmetrischen Gärten zuwendet. Mittlerweile ziehen wir den formellen Parterres die unmerklich gestalteten Landschaften vor. Diese Vorliebe für natürliche Umgebungen ist wohl eine deutliche Reaktion auf unsere Industriegesellschaft. Doch da wir auch die Geschichte kennen, versuchen wir, Gärten anderer Epochen zu erhalten oder neu zu erschaffen — manche davon genau deswegen, weil sie nicht mit unserer derzeitigen Denkweise harmonieren, andere, weil sie im Einklang mit unseren modernen Trends stehen. Die Restaurierung von Gärten aus anderen Epochen — dem Mittelalter, dem Frankreich des 16. Jahrhunderts oder dem kolonialen Amerika — füllt erahnte Lücken, sagt etwas über unsere eigene Zeit und unsere Antwort auf diese gartenbaulichen Stile aus. Unser Begriff vom Paradies hat sich im Lauf der Jahrhunderte verändert, und auch unsere Einstellung gegenüber der Natur. Die Wildnis, die einst unsere Feindin war, ist zur willkommenen Freundin geworden, einer Freundin, die des Schutzes bedarf. In der Welt der Gartenkunst bedeutet das, daß ein natürliches Habitat heute nur eine leichte botanische Überarbeitung braucht, um als Garten zu gelten. Heutzutage sorgen eher die Natur und das Klima als des Menschen Hand für Abwechslung. Wir haben uns mit Mooren, Gräben, Gehölzen, Sümpfen und Wüsten ausgesöhnt, indem wir sie in Gärten verwandelten, die uns dem Paradies ein Stückchen näher bringen.

Marina Schinz 1985

Wunderbare Gärten

Tore zum Paradies

I

Der Bauerngarten

Vorhergehende Seite und oben: Der Bauerngarten stellt die älteste Form des Gartenbaus mit einer seit Jahrhunderten ungebrochenen Tradition dar. Eyhorne Manor in Kent ist ein echtes Beispiel für genau solch einen Garten. Rosen, Glyzinien und Wilder Wein ranken sich an den Mauern des Landhauses aus dem 14. Jahrhundert empor, während Storchschnabel, Mohnblumen, Fingerhut und rosa Feuernelken daneben in üppigem Wuchse wuchern.

Rechts oben: Ein Haufen Lupinen, Geranien, Lavendel und Rosen schaffen eine ungezwungene Atmosphäre. Hie und da züchtet die Gärtnerin, Mrs. Sheila Simmons, eine neue Rose.

Rechts unten: Die Kräuter haben ihr eigenes Beet vor dem Landhaus. Die Töpfe sind in den Sonnenschein gerückt oder zum Tausch mit Besuchern oder Nachbarn bereitgestellt. Inmitten der Blumenpracht, gleich neben einer gelben Phlomis fruticosa, *sind zwanglos ein paar Stühle verteilt.*

Üppigkeit ist das Wort, welches den Bauerngarten am besten beschreibt — diesen Ort, wo die Blumen, nach Größe, Form und Farbe sortiert, sich über Wege und Pfade lehnen, wo Kräuter und Gemüse oder Beerenbüsche sich zwischen Rosen und Obstbäume drängen. Die Pflanzen scheinen in ständiger Blüte zu stehen, denn die neuen Blüten lenken von den verwelkenden Blumen ab. Nach Lust und Laune wird hier gepflanzt; sie brauchen wenig Pflege, da die Enge der Beete es allen Gräsern außer den energischsten schwer macht, sich festzusetzen. Um einen gesunden Start zu sichern, werden die Keimlinge zunächst gehegt; danach läßt man sie ungehindert wachsen. Die meisten Pflanzen scheinen durch wohlwollende Vernachlässigung zu gedeihen.

Bauerngärten findet man gewöhnlich neben den unprätentiösen Behausungen, die Dorfgassen und Landstraßen in der ganzen Welt säumen. Die ältesten und malerischsten Bauernhäuser sind aus den Steinen ihrer Heimatregion, Ziegeln oder Holz gebaut und mit steilen Rieddächern gedeckt; das zeitgenössische Äquivalent sind die einfachen Vorstadt-Häuser. Doch unabhängig von seinem Stil stellt das Haus, oft mit Heckenkirschen oder Kletterrosen geschmückt, eine Begrenzung des Gartens dar; die anderen Seiten sind durch Zäune, Steinmauern oder Hecken aus Weißdorn, Eibe, Ilex oder Liguster eingeschlossen. Diese umgeben den kleinen, intimen Raum mit seiner vielfältigen Ansammlung von Gewächsen und bieten ihm Schutz. Das einzige zwingende Element ist ein Weg durch den Garten, der vom Tor bis zur Haustür führt und meist von einem rosenbedeckten Bogen oder einem Paar Sträuchern in Pfauenform eingerahmt ist.

Ein Cottage-Garten in North Devon mit seinen ordentlichen Gemüsereihen wird durch ein Blumengepränge an der Straße bereichert.

Rechts: Der Bauerngarten bei Sissinghurst ist eine etwas stilisierte Version des typischen Landhaus-Gärtchens. Sein Charme liegt in seinen gelben, orangen, roten und kupferroten Blüten — unter anderem Akelei, Nelkenwurz, Schafgarbe, Rosen und Dahlien. Das Zentrum ist von vier Säuleneiben umstanden.

Folgende Doppelseite: Kein Bauerngärtner verbannt die Blumen; tatsächlich spezialisieren sich einige sogar auf bestimmte Arten. Einen beträchtlichen Teil dieses Gartens in Badminton nimmt ein prächtiges Lupinenbeet ein. Dahinter der Platz ist für Gemüse und solche nützlichen Einrichtungen wie ein Treibhaus und eine Wäscheleine reserviert.

Ein schönes Beispiel für den klassischen englischen Bauerngarten findet sich in Eyehorne Manor in Kent, wo er zwischen den niedrigen Traufen des schindelgedeckten Hauses und hohen Ligusterhecken eingezwängt liegt. Die Hintertür führt zu einem Fleckchen mit kleinen Kräutern, während daneben eine Bank mit Töpfen voller farbenprächtiger Geranien beladen ist, die man vom Küchenfensterbrett herausgebracht hat, um den Sonnenschein auszunutzen. Die Gartenpfade zwischen den Kräutern verbergen sich fast unter den Blumenmassen. Dicht gesetzte Lupinen, pfirsichblättrige Glockenblumen und das harsche Brandkraut tragen ihre Blüten hoch; darüber schmücken Kletterrosen eine Laube und einen Apfelbaum und überwuchern ein schlichtes Hüttchen, das an Sommertagen eine duftende Zuflucht bietet. Dieser Garten schäumt einfach über.

Die Pflanzen des Bauerngartens sind ziemlich gewöhnlich, in der Regel „gutmütig und erfreulich" und nicht auf einen bestimmten Boden oder eine bestimmte Lage angewiesen — sagt Margery Fish, eine der großen Bauerngärtnerinnen dieses Jahrhunderts. Die zehn überlieferten Bauerngarten-Gewächse — weiße Lilien, die duftenden Nelken, Geißblatt, Reseden, Rosen, Primeln, Lavendel, Päonien, Weißdorn und Fuchsschwanz — erweiterte sie um Rosmarin und Stabwurz (die sie gern zu beiden Seiten der Haustür sah), Tausendschönchen, Narzissen, Akelei, Storchschnabel, Sterndolde und Pelargonien in Töpfen. Die Mehrzahl dieser Pflanzen ist altmodisch, was nicht nur bedeutet, daß sie schon seit Generationen in Bauerngärten wachsen, sondern auch vermuten läßt, daß es sich oft um unverfälschte Spezies handelt, mit Blüten von zierlicher Größe und

delikatem Farbton und Duft — anders als ihre prunkvollen Nachkommen, die modernen Hybriden. Manche mehrjährige oder sich selbst aussäende Zweijährigen wie Fingerhut und Königskerze sind ein permanentes Element des Gartens; andere sind einjährige Pflanzen, die jedes Frühjahr von neuem gesetzt und aus Samen gezogen werden, die man aus den schönsten Blüten der vorjährigen Saison gesammelt hat.

Der zeitgenössische Bauerngarten hat bescheidene Ahnen. Wahrscheinlich entstand er als Gemüsegärtchen des mittelalterlichen Tagelöhners. Auf seinem kleinen Flecken Land zogen er und seine Frau viele Dinge, die für ihr tägliches Leben unerläßlich waren: Kräuter für die Hausmedizin, aber auch für den Kochtopf, um dem Gemüse und dem zähen Fleisch Würze zu verleihen; Obst, um Marmelade und Gelee einzukochen, und Blumen, um den Bienen Nektar und dem Haus Wohlgeruch zu geben. Diese frühen Kätner waren arm und konnten also ihren Gärten nur wenig Zeit und Energie widmen. Der Garten war stets die Domäne der Hausfrau: Sie pflegte Blumen und Kräuter, sammelte Wildpflanzen und tauschte mit der Nachbarin einen begehrten Ableger gegen eine Handvoll besonderer Samen. Ihr Mann half beim Umgraben, Stutzen und Hochbinden. Auch Kaninchen, Hühner und Schweine wohnten im Garten. Um den Boden anzureichern, versetzte der kluge Gärtner regelmäßig die transportablen Hürdenzäune, die die Tiere davon abhielten, in die bestehende Pflanzung einzudringen.

Als zu Anfang des 19. Jahrhunderts die Zahl der Heimarbeiter zunahm, wandten sich Handwerker und Kunsthandwerker der Bauerngärtnerei zu. Da sie wohlhabender

Rosen, die Türen überwuchern, sind ein entzückender Bestandteil vieler Bauern-Gärten.

Links: Die Hecken, das »Gerippe« dieses Gartens in Devon, sind über 300 Jahre alt. Als echter Bauerngarten ist er mit robusten Pflanzen — darunter Malven, Stockrosen und Heiligenkraut — gefüllt und wird meist an Wochenenden bearbeitet.

Folgende Doppelseite: Dieser einfache Knotengarten in dem Dorf Westonbirt in Gloucestershire besteht aus Buchsbaum. Wahrscheinlich datiert er aus der Tudor-Zeit, in der er wohl mit Lilien und Nelken bestanden war. Heute herrschen Salbei und Löwenmäulchen vor — diese Blumen waren während der viktorianischen Epoche beliebt. Auf diese Weise stellt ein Garten oft mehrere Stilebenen dar.

Übernächste Doppelseite: Diese benachbarten Gärten im Dörfchen Westonbirt zeigen zwei entgegengesetzte Stile. Der Garten im Hintergrund ist in einen Gemüse- und einen Blumengarten aufgeteilt. Der im Vordergrund, der unter anderem einen Tudor-Knotengarten beherbergt, besteht ausschließlich aus Topfpflanzen. Blumentöpfe sind ein herausragendes Merkmal des Bauerngartens, ebenso wie das Tauschen von Samen und Pflanzen und der tägliche Plausch.

Das einzige feststehende Merkmal des Bauerngartens ist der Pfad, der vom Gartentor bis zur Haustür führt. Der hier gezeigte ist von einer Lavendel-Art gesäumt, die man — nach Gertrude Jekylls Heim — »Munstead« nennt. Eine dunklere Lavendel-Varietät trägt den Namen »Hidcote«.

Rechts: Monets Blumengarten in Giverny, der Clos Normand, ist eigentlich ein Netz von Gartenpfaden. Im Juni strotzt der Hauptweg vom Tor zum Haus von Rosen, Pfingstrosen und Glockenblumen, im September aber nehmen Kapuzinerkresse, Sonnenblumen und Dahlien ihren Platz ein.

waren als die Arbeiter, gingen sie die Sache etwas lässiger an, und ihre Anlagen waren eher ornamental. Blumen zu züchten wurde zur Passion für Weber, Strumpfwirker, Handschuhmacher und Spitzenklöppler, die zu Hause arbeiteten und dort nebenbei Zeit hatten, den Pflanzen im Vorgarten genügend Aufmerksamkeit zu widmen. Ein Weber, der am Fenster arbeitete, konnte zum Beispiel eine bedrohliche Wolke oder eine starke Bö rechtzeitig genug ausmachen, um seine kostbaren Gewächse zu schützen oder seine Töpfe sicherheitshalber hineinzubringen.

Schließlich spezialisierten sich einige Landhaus-Bewohner darauf, nur bestimmte Blumenarten zu züchten. Diese Leute nannte man Floristen, obgleich sie mit den heutigen Floristen kaum etwas zu tun haben, und als kunstfertige »Bastardeure« führten sie viele neue Arten in den Bauerngarten ein. Anemonen, Aurikel, Gartennelken, Hyazinthen, Tazetten, Hahnenfuß und Tulpen gehörten zu ihren Spezialitäten, und jede Spezies wurde mühsam kultiviert und gekreuzt — so erfolgreich, daß in einem Jahr über hundert Hahnenfuß-Varietäten in Landhausgärten wuchsen. Die Floristen wetteiferten darum, die perfekte Tulpe zu züchten oder die Tazette mit den goldschimmerndsten Blütenrändern. Sie verwandelten den örtli-

Oben: Monet vergnügte sich damit, Blumen in nur einer Farbe anzupflanzen, wie diese Studentenblumen in verschiedenen Formen und Schattierungen.

Links: Eine elegante Version des bäuerlichen Blumentopfes mit Pompomsonnenblumen.

Rechts: Eine ländliche Mischung von Sommerblumen, Stauden und Zwiebelgewächsen — Kosmeen, Gladiolen, Astern, Dahlien und Ringelblumen — wächst in Giverny im Stile Gertrude Jekylls.

Folgende Doppelseite: Helle Farben beherrschen Monets Beete ebenso wie seine Bilder. Die Pflanzen stehen dichter, als sein Hauptgärtner empfahl — kein Fleckchen nackte Erde durfte sich zeigen, und die verschiedenen Blumen folgten einander vom Frühling bis zum Sommerende ohne Unterbrechung. Im Juni stehen Rosen, Päonien und Iris in voller Blüte.

chen Blumenmarkt zu einer englischen Institution.

Während die Floristen eifrig neue Pflanzen hervorbrachten und ihre Gärten als Laboratorien benutzten, begnügten sich andere Landhausbewohner mit der passiven Sammlerrolle und hätschelten die Pflanzen, die ihnen die Nachbarn und die Hausmeister der vornehmeren Gärten des Dorfes gaben. Die Gelände um die Herrenhäuser waren eine reiche Pflanzenquelle, da die begüterten Landherren, die es sich leisten konnten, ihre älteren Pflanzen auszusondern, dies im Zuge der wechselnden Moden und Geschmäcker auch taten und sie durch populäre Neuschöpfungen ersetzten. Die Landhausbewohner waren dankbare und bei weitem nicht so heikle Leute: Wenn ein Gewächs sich erst einmal glücklich im Garten etabliert hatte, hätten sie es niemals ver- oder ersetzt. So waren ihre Bauerngärten Archive der Gartenkunst, welche die älteren Spezies sammelten und hegten.

Gegen Ende des 19. Jahrhunderts entdeckten die gebildeten Schichten, die sich über manche Auswirkungen der industriellen Revolution Sorgen machten, daß die überlieferten Formen von Handwerk und Kunstgewerbe, deren Verlust man beklagte, von den unteren Schichten noch praktiziert wurden. Diese Entdeckung rief im England des William Morris das »Arts & Crafts Movement« ins Leben und weckte wieder aufs neue den Enthusiasmus für viele häusliche Institutionen, darunter auch für den Bauerngarten. Die schlichten Fleckchen wurden von praktischen und theoretischen Gartenliebhabern ob ihrer altmodischen, robusten Pflanzen und ihres lockeren, ungezwungenen Aussehens gepriesen. Die gewitzteren Gärtner, die der riesigen, überzüchte-

Marie Antoinette beauftragte Hubert Robert, ein Dorf für ihren Park in Versailles zu entwerfen und zu erbauen. Le Hameau, ein frühes Beispiel für »rustikalen Chic« wurde zwischen 1783 und 1785 errichtet. Es besteht aus Meiereien, einem Fischerhof, einer Mühle und strohgedeckten Bauernhäusern.

Rechts oben: Diese bukolische Mühle erblickte Marie Antoinette, wenn sie aus dem Fenster ihres Landhauses schaute. Unten: Der Laubengang von Le Hameau besteht aus Eisenbögen, die von wildem Wein überwuchert sind.

ten, teuren Gewächse müde waren, waren entzückt, als sie feststellten, daß die Dörfler gern von ihren Blumen abgaben, und so fanden jene bescheidenen Spezies den Weg in die feineren Gärten.

Um die Jahrhundertwende, als die Bauerngärtnerei an Stoßkraft zunahm, unterteilten die Gärtner ihre großen Gärten in eine Reihe kleinerer Abschnitte. Diese erwiesen sich für den Bauerngarten als ideal und wurden daher zu einem gärtnerischen Lieblingsmittel. So wirkt beispielsweise der Garten von Vita Sackville-West in Sissinghurst (Kent) in seiner häuslichen Größenordnung und dem üppigen Wuchs wie ein Bauerngarten, obwoh er viel formaler angelegt ist. Der Bereich, den Miss Sackville-West den Bauerngarten nannte, umfaßt ein Landhäuschen, eine Blumenpracht und vier Säuleneiben, die einen großen, zentral gelegenen Topf voller Gauklerblumen umstehen. Die symmetrische Anlage und die sorgfältig ausgewählte Palette von Rot-, Orange- und Gelbtönen zeugen von der Kunst von Miss Sackville-West — und diese Aspekte sind es, die den unbeschwerten Charakter des echten Bauerngartens um eine wesentliche neue Dimension bereichern.

Eine gleichermaßen kunstvolle Interpretation des *jardin de curé*, wie man den Bauerngarten in Frankreich nennt, ist Monets Garten in Giverny. Das »Clos Normand« darin ist eigentlich ein Geflecht zahlreicher Wege, flankiert von einem farbenprächtigen Getümmel aus Astern und Margeriten aller Art, Mauerpfeffer, Ageratum, Kapuzinerkresse, großartigen Sonnenblumen, Geranien und noch viel mehr. Jede Pflanze ist im ländlichen Stil gezüchtet, und überall findet man üppige Schößlinge und mit Blütenzweigen überwachsene Bögen. Rosenstöcke geben

Die Zufahrt zu diesem Anwesen in Kalifornien ist das moderne Gegenstück zum bäuerlichen Gartenweg. Ringelblumen, Löwenmaul, Bartfaden, Hahnenfuß und Nelken quellen über die Begrenzungsmauer und begrüßen die Besucher.

Taglilien und Weiderich wurden einst im Freiland gesammelt. Dazwischen stehen in diesem Bauerngarten, dem Vorgarten von John Howard Paynes Heim in East Hampton, Long Island, Margeriten, Glockenblumen und Kosmeen. Payne war der Komponist von »Home Sweet Home.«

den Gartenbeeten einen Hauch Formalität. Giverny ist von allen Arten von Klettergewächsen umlagert; doch anstatt sie das Haus umdrängen zu lassen, verlegte Monet sie in den Garten hinaus. Er übernahm den rosenüberwucherten Bogen, der das typische Bauerngartentor umrahmt, indem er die Hauptwege und -beete in Giverny mit eisernen Reifen oder rechteckigen Spalieren säumte, die mit Girlanden aus Kletterrosen, Clematis, Jasmin und Purpurwinden drapiert waren. Zwar sieht es nach wuchernder Pracht aus, aber die Anlage dieses entzückenden Gartens ist strenger als die des gewöhnlichen Bauerngartens.

In jüngerer Zeit hat Margery Fish den entgegengesetzten Ansatz gewählt: In ihren Büchern wie auch in ihrem Garten tritt sie für den Bauerngarten ein und verteidigt dessen Naivität und »Mangel« an Künstlichkeit. Ihr Garten in East Lambrook war ein Potpourri bescheidener Blumen, und wenn er auch nicht so überwältigend aussieht wie Sissinghurst oder Giverny, haben die Pflanzen, die sie ausgewählt hat, und der Geist, der hier herrscht, den einfachen Bauerngarten trotz seiner Stilisierung im 20. Jahrhundert am Leben erhalten. Vor allem ihre Neigung, sich auf die Schönheit der einzelnen Pflanze zu konzentrieren statt auf die Wirkung von blockweise gruppierten Blumenmassen, zeitigte Folgen: Sie schätzte jedes Gewächs wegen seiner einzigartigen Persönlichkeit, was sich als vernünftiger Ansatz herausgestellt hat, um einen Garten zu planen und anzulegen, wenn Platz und Arbeit kostbar sind.

Der Bauerngarten von heute unterscheidet sich wahrscheinlich nicht sehr von dem, den man vor zwei- und dreihundert Jahren neben ländlichen Behausungen fin-

Die Windmühle hinter John Howard Paynes Haus in East Hampton ist von einer wiesenartigen Anlage mit Kosmeen, Veronika, Glockenblumen und Margeriten eingerahmt.

Links: Der Pfad, der zu Mr. Stanley Kunitz' Haustür in Provincetown, Massachusetts, führt, ist von einer Pracht von dichtgesetzten Stokesien, Veronika, Ballonblumen, Taglilien, Phlox und Gartenmelisse gesäumt.

Oben: Blumenausstellungen wurden von Landleuten ins Leben gerufen, denen es Stolz und Vergnügen bereitete, Blumen zu züchten, die gleichermaßen ihre Gemüsegärten wie ihr Zuhause schmückten.

Unten: Geranien oder genauer: Pelargonien waren ein Liebling der viktorianischen Epoche und nehmen immer noch einen hohen Rang in der Gunst der Engländer ein. Heute werden viele Varietäten kultiviert und auf Blumenmessen ausgestellt.

Rechts: Züchter und Gemüsegärtner haben ihre eigenen Stände auf den Blumenmessen und wetteifern miteinander um Goldmedaillen.

den konnte. Zu den Landhaus-Bewohnern des 20. Jahrhunderts gehören Land- wie Stadtleute, die nur am Wochenende ins Grüne entfliehen können. Der Bauerngarten spricht sie vornehmlich wegen seiner Schlichtheit und dem Mangel an Ambition an. Außerdem kann man hier auf engem Raum eine Reihe nützlicher und hübscher Pflanzen ziehen, die weder ermüdende Planung noch all zu viele Pflege erfordern. Begeisterte Pflanzensammler haben die Möglichkeit, die Blumen, das Obst oder das Gemüse zu pflanzen, das ihnen gerade in den Sinn kommt, denn alles paßt zu allem — der begrenzende Faktor ist der Platz, nicht der Stil. Darüber hinaus kommt die Abgeschlossenheit, die für den Bauerngarten so typisch ist, dem Bedürfnis moderner Gärtner nach Abgeschiedenheit entgegen, und der lockere, ungezwungene Stil regt gleichermaßen ihre kreativen wie ihre gärtnerischen Instinkte an. Vor allem dieser Aspekt macht den Bauerngarten zeitgenössischen Gärtnern, vom Neuling bis zum Experten, lieb und wert, denn die Bauerngärtnerei ist nicht nur eine übernommene Tradition, sondern kann überall eingesetzt werden.

LETTUCE
RED SALAD
BOWL

II

Der Kräutergarten

Seite 43: Bilsenkraut oder Hyoscyamus niger*, eine Giftpflanze unter den Arzneikräutern, wurde früher im Arzt- oder Apothekergärtlein gezüchtet. Für diejenigen, die ihren Garten thematisch ausrichten wollen, wäre ein Garten aus Giftpflanzen eine ungewöhnliche und lehrreiche Idee.*

Vorhergehende Doppelseite: Dieser Arzneikräutergarten wurde 1938 im Bonnefort-Kreuzgang des Cloisters in New York eingerichtet. Er ist je nach Zweck in verschiedene Sektionen eingeteilt: medizinische, kulinarische, aromatische und andere nützliche Kräuter (beispielsweise diejenigen, die man für Farbstoffe braucht). Die Beete sind mit kleinen Hürden aus Weidenruten umgrenzt, und um den Brunnen in der Mitte stehen vier Quittenbäume.

Rechts: Kräuter bringt man aus verschiedenen Gründen ins Haus. Diejenigen, die man nicht zum Kochen oder für Hausmittelchen verwendet, kann man zu dekorativen Zwecken pressen oder trocknen. Hier hängen silbriger Beifuß, Wermut, Salbei, Fenchel und Frauenmantel (Blüten). Im Mörser sind Borretschblüten, Knoblauchblüten und Petersilie, in der Flasche ist Gamander. In der Nische liegen Bärenklau- oder Akanthus-Blätter, Wiesenkraut-Salbei, Thymian, Rainfarn, Gartenraute, Ysop und eine Honigwabe. Honig verwendete man, um den bitteren Geschmack der Kräuterarzneien zu überdecken.

Kräuter sind nützlich, dekorativ und gehören zu den am einfachsten zu ziehenden Gewächsen; sie brauchen wenig besondere Zuwendung und versprechen doch reichliche Ernte. Sie gedeihen ohne Dünger, der ihre Würze nur zu verwässern scheint, und mit ihren natürlichen Aromen stoßen sie potentielle Schädlinge ab. Insgesamt Vorzüge, deren sich kaum eine andere Pflanze brüsten kann. Sie werden ihrer Blätter wegen gezogen, die sie nicht nur reichlich, sondern auch ständig hervorbringen — angefangen mit den ersten Schnittlauchstengeln im Frühjahr bis hin zu den letzten Petersilieblättchen, die die Weihnachtsgans garnieren sollen.

Darüber hinaus sind Kräuter eine große, umfassende und faszinierende Pflanzengruppe voller Geschichten und Geschichte. Es ist ein nostalgischer Hauch um sie, bei dem uns nicht verhätschelte Damen und Höflinge einfallen, sondern eher handfeste Hausfrauen, deren Gärten die Familie und den Haushalt versorgen. Von ihnen — und von den kenntnisreichen Klerikern des Mittelalters — haben wir gelernt, daß Pfefferminze den kranken Magen beruhigt, daß Wurmkraut die Ameisen fernhält und Marienblatt ein praktisches Lesezeichen ergibt. (Die amerikanischen Siedlerfrauen nannten letzteres »Bibelkraut«, weil sie sich mit seinem scharfen, belebenden Geruch während der ermüdenden Predigten wach hielten.) Solche einfachen Hausmittelchen stacheln unsere Neugier auf Volksbräuche und Hausweisheit an. Heutzutage wird der Kräutergärtner den süßen Waldmeister im schattigen Teil des Gartens eher bewundern, als ihn für die Maibowle zu pflücken, und seinen Bernwell wahrscheinlich nicht zum kühlenden Umschlag verarbeiten wollen; doch die Tat-

sache, daß man es einst tat, amüsiert und stellt eine Motivation dar, Kräuter zu züchten. Die Fortdauer dieser Tradition ist es, die erklärt, warum so viele Institutionen wie Museen, Botanische Gärten und alte Herrenhäuser — vor allem in den USA — Kräutergärten pflegen. In den Cloisters in New York gibt es einen hervorragenden, mittelalterlichen Kräutergarten, während sich der Botanische Garten von Brooklyn mit einem elisabethanischen Knotengarten brüstet. Viele Rekonstruktionen und Restaurierungen im ganzen Land zeigen Kräutergärten aus der Kolonialzeit.

Die frühesten Kräutergärten waren Arzneigärtchen im Hof der mittelalterlichen Mönchsklöster. Diese hübsch gemusterten, einfachen und funktionellen Fleckchen lagen neben dem Friedhof und dienten dem Kloster als Medizinschrank. Um jede Verwirrung zu vermeiden und das Risiko katastrophaler Verordnungen zu reduzieren, züchteten die Mönche in jedem Beet nur eine einzige Pflanzenart und setzten ähnliche Gewächse in benachbarte Beete.

Dieses Schema diente jahrhundertelang als Grundplan, und erst gegen Ende des 15. Jahrhunderts gab man die geometrische Anlage des mittelalterlichen Kräutergärtleins auf. In einem Versuch, die geheimen Aktivitäten seiner weniger loyalen Untertanen aufzudekken, ließ Heinrich VII. die Schutzmauern ihrer Schlösser niederreißen und veränderte damit das Aussehen des mittelalterlichen Gartens, des *hortus conclusus*, indem er ihn zur Umgebung hin öffnete. Dies war eine Entscheidung mit erheblichen gartenbaulichen Folgen. Plötzlich war Platz für größere, eher ornamentale Gärten mit einem viel größeren Blumensortiment.

Gamander und Cypressenkraut bilden die dekorativen Stränge eines Tudor-Knotens. Die Zwischenräume sind mit schwarzem und weißem Kies gefüllt.

Links: Der elisabethanische Knotengarten im Botanischen Garten von Brooklyn ist die Reproduktion einer Anlage aus dem 16. Jahrhundert. Die Knoten bestanden gewöhnlich aus niederem Buschwerk oder Kräutern wie Rosmarin, Majoran und Lavendel, die sich problemlos in Form stutzen ließen.

Folgende Doppelseite: Zu Longacres in Nashville, Tennessee, gehört ein von einer Mauer umfaßter Kräutergarten, der an den mittelalterlichen hortus conclusus *erinnert. In dem gepflasterten Hof sind verschiedene Beete angelegt, und auf der Mauer stehen kleine Statuen von Gartenheiligen wie dem Heiligen Fiaker und dem Heiligen Franziskus, um den mittelalterlichen Charakter zu betonen. Die hohen Blüten links sind Dill.*

Oben: Auf dem Steinsessel im Kräutergarten von Sissinghurst liegt ein Kamille-Kissen (Anthemis nobilis), *das seinen Geruch verströmt, wenn es zerdrückt wird. Wenn auch sein medizinischer Wert fraglich ist, ist es der des Fingerhuts daneben nicht: Dieser ergibt das bekannte Herzstärkungsmittel Digitalis.*

Links: Die Thymian-Wiese von Vita Sackville-West in Sissinghurst besteht aus zwei Rechtecken, bepflanzt mit weißem und purpurrotem Thymus serpyllum, *der im Juni blüht.*

Rechts: Der englische Kräutergarten der Alderley Grange in Gloucestershire mit seinen ordentlichen, buchsbaum-gesäumten Beeten, kombiniert einen formellen Grundriß mit einem üppigen Pflanzensortiment — ganz im Sinne des 16. Jahrhunderts. Damals hielt man viel mehr Pflanzen für Kräuter als heute. Der Garten enthält solch ungewöhnliche Blumen wie Sterndolden, Bilsenkraut und Wasserschierling.

Im 16. Jahrhundert, der Blütezeit der Kräuterzucht, hielt man fast jede Kulturpflanze für ein Kraut, was bedeutete, daß es irgendwie für Menschen nutzbar war: als Nahrungsmittel oder Arznei, als Farbstoff für Kleider, kosmetisches Mittel oder Zaubertrank, um teuflische Geister auszutreiben. In jener Zeit wurden die meisten Kenntnisse über Pflanzen gesammelt und in Kräuterbüchern festgehalten. Eines der bekanntesten, John Gerards *Herball* von 1597, hat über 2 000 Stichworte. Doch nach und nach versetzte man die bescheidenen »Salate« vom Kräuter- in den Gemüsegarten; Päonien, Rosen und andere ansehnliche Blumen, als Kräuter klassifiziert, erhielten eigene Beete und Rabatten und ließen die grünen und grauen Gewächse zurück, die wir heute Kräuter nennen.

Um dem Umzug der Blumen in ihre eigenen Quartiere Paroli zu bieten, ersannen einfallsreiche Kräuterliebhaber im 16. Jahrhundert dekorative Knotengärten mit Scharen kontrastierender Gewächse wie Buchs, Gamander und Rosmarin, die in kompliziert verknüpfte Muster verwoben waren. Die Pflanzen wurden ordentlich beschnitten, und die leeren Stellen zwischen den verwobenen Strängen füllte man gelegentlich mit Kräutern und Blumen oder mit Kombinationen von farbigen Kieseln, gemahlenem Gestein und bunten Erden. In den elegantesten Knotengärten gab man noch (des Glitzerns wegen) gestoßenes Glas dazu.

Diese Tradition aus der Tudor-Zeit lebt heute noch in einigen amerikanischen Vorgärten, da die ersten Siedler aus England diesen Stil mitbrachten. Eine Reihe von Kolonialisten traf mit John Parkinsons *Earthly Paradise* und Gerards *Herball* und Visionen von schmuk-

Gewaltige Dillmassen bevölkern das Feld vor dem Gebäude, das den Kräuter- und Samenraum in Hancock Shaker Village in Massachusetts enthält. Die Shaker waren der Autarkie verschrieben und berühmt für ihre hervorragenden Leistungen in Handwerk und Ackerbau.

ken Kräutergärtlein in formstrengen Beeten in Virginia und Massachusetts ein; andere Gärtner, die Knotengärten für zu frivol hielten, konnten sich dennoch dem Diktat der Mode beugen, indem sie ihre Kräuter mit niedrigen Buchsbaumhecken oder Bohnenkraut-Reihen umgaben. Der Garten der Caprilands Herb Farm in Connecticut ist Adelma Simmons Interpretation, wie ein früher amerikanischer Kräutergarten des 18. Jahrhunderts ausgesehen haben mag. Enge Pfade, gerade einen halben Meter breit, verlaufen zwischen den Beeten und gestatten den bequemen Durchgang, ohne das Erscheinungsbild des Gartens zu beherrschen. Ein Bienenstock in der Mitte verleiht dem ansonsten recht flachen Gelände etwas Höhe, während kleine Obstbäume und ein Lattenzaun die Grenze markieren.

Der Kräutergarten hat sich seit der Kolonialzeit verändert. Heutzutage bauen wir für den Haushalt vor allem Schnittlauch, Petersilie, Salbei, Rosmarin und Thymian an, und diese Kräuter haben einiges gemeinsam. Fast alle werden vornehmlich ihrer Blätter wegen angepflanzt, die reich an ätherischen Ölen sind; und die meisten sind von niedrigem Wuchs, da ihnen die Holzfasern für lange Stiele und Zweige fehlen. Die bekanntesten Gartenkräuter sind eine geschlossene Gruppe, die entweder durch Artverwandschaft oder parallele Evolution miteinander verwandt sind. Diejenigen, die von denselben Zweigen des Pflanzenreichs abstammen, sind von ähnlicher Form; beispielsweise sind die beiden Labiatae Minze und Salbei senkrecht wachsende Pflanzen mit kräftigen Stengeln, gegenständigen Blättern und Lippenblüten; wohingegen Petersilie, Dill, Kerbel und Engelwurz als Mitglieder der Doldengewächse gefranste Blätter und große, runde Blütenbüschel besitzen, die an die Blüten der Wilden Rübe, der armen Verwandten, erinnern. Mehrere andere Kräuter wie Heiligenkraut und Rosmarin sind nicht durch die Herkunft verwandt, sondern durch ihre Heimatregion. Sie stammen aus dem Mittelmeerraum und haben sich an Sonnenhitze und trockene Böden angepaßt, indem sie einen Schutzpelz oder eine blasse, graugrünliche Färbung entwickelt haben.

Diese Ähnlichkeiten machen den Kräutergarten zu einem harmonischen Ort. Doch um mehr zu sein als eine bloße Ansammlung von Pflanzen, braucht der Kräutergarten etwas Besonderes — ein Muster, das den Boden strukturiert, ein Thema, auf das sich die Auswahl des Gärtners konzentriert, oder sogar eine Kombination der beiden. Es sollte ein eigenes Fleckchen sein, abseits der Pracht der grellfarbigen Blumenbeete — vielleicht im Vorgarten oder im Mittelpunkt einer Rasenfläche. Der Rahmen ist wichtiger als die Abtrennung, da Zäune und Hekken zum Schutz nicht nötig sind; die Räuber werden von den stark riechenden Blättern abgestoßen. Eine Hecke drumherum würde dazu beitragen, den Duft zu bannen, wenn sie hoch genug ist, leichte Brisen abzuhalten, doch ist das eher überflüssig, da Kräuter mit ihren ätherischen Ölen großzügig umgehen. Freigebig verströmen sie ihren Duft, wenn ein Finger sie antippt oder ein sanfter Fuß sie im Vorbeigehen streift.

Da der Bedarf an selbst gezogenen Kräutern für Küche und Hausapotheke zurückgegangen ist, ist der Kräutergarten zu einem eher ornamentalen Ort geworden. Um die Auswahl an verfügbaren Gewächsen ein wenig zu stutzen, beginnen viele Gärtner mit einem Thema: Kräuter für Suppe, Salat oder Wäschetruhe, oder solche, die in der Bibel oder bei Shakespeare erwähnt sind. Der beliebteste Kräutergarten ist der kulinarische, in dem es Petersilie, Schnittlauch, Dill, Basilikum und andere Dinge wie Kerbel und Estragon gibt. Oft liegt er dicht bei der Küche und wirkt gewöhnlich recht ordentlich, da die meisten Kräuter schon kompakt sind, bevor sie für den Kochtopf zurechtgestutzt werden.

Nicht alle Kräutergärten müssen so wohlerzogen sein wie der kulinarische. Ein Garten zum Beispiel, dessen Hauptzweck es ist, Bienen anzulocken, sollte gewaltige Mengen von Blüten aufweisen. Gewöhnlich halten sich die Bienen beim Pollensammeln an eine Blumenart und arbeiten daher am effizientesten in Gärten, die mit großen Büscheln farbenprächtiger Indianernesseln, duftender Minze und blühenden Thymians prunken. Pfade sind von untergeordneter Bedeutung. Der typische Färbergarten enthält eine noch ungezwungenere Kräutersammlung. Eine reiche Ernte ist unerläßlich, um genug Farbstoff für selbstgesponnene und handgewebte Tücher zu liefern (ein Pfund Pflanzen ergibt

Ein Raum in Hancock Shaker Village dient dem Trocknen und Verpacken der Kräuter und spiegelt die Nüchternheit und Funktionalität wider, die alle Arbeitsstätten der Shaker kennzeichnet. Sowohl ihre Kräuterarzneien wie ihr Samenverkauf waren erfolgreiche kommerzielle Unternehmungen.

Wenn man heutzutage einen Vorgarten haben möchte, muß man zuweilen seinen Parkplatz opfern. Das wurde hier getan, um Kerbel, Estragon, Petersilie und Schnittlauch direkt vor der Küche anpflanzen zu können.

Rechts oben: Die Barocksträußchen, die Adelma Simmons aus getrockneten Kräutern herstellt, sind für Hochzeiten gedacht und erinnern daran, daß Kräuter früher nicht nur praktischen, sondern auch symbolischen Wert hatten. So kann ein Bouquet, je nachdem, welche Kräuter es enthält, ein Ausdruck der Liebe, der Fruchtbarkeit, der Treue oder der Eifersucht sein.

Rechts unten: Der Kräutergarten der großen alten Dame der Herbalisten, Adelma Simmons in Caprilands, Connecticut, ist durch Latten in Beete aufgeteilt, mit einem Bienenstock verziert und von einem Lattenzaun umgeben. Der Kräutergarten ist vom Wesen her ein funktioneller Garten und hat sich seit Jahrhunderten nicht sehr verändert.

gerade genug Farbstoff für ein Pfund Wolle). Goldrute, Färbersomach, Schwalbenwurz und Dahlien haben alle ihren Platz im Färbergarten.

In jüngerer Zeit ist das Interesse am Kräutergarten wieder aufgelebt, obwohl ein moderner Haushalt nur wenige Kräuter braucht. Ein heutiger Gärtner schätzt die Kräuter mehr ob ihres dekorativen Wertes — eine Eigenschaft, die man bis zu Anfang dieses Jahrhunderts übersehen hat. Inspiriert von den Landhaus-Gärtnern, die Blumen und Kräuter so ungezwungen vermischt hatten, übernahmen die englischen Gärtner die augenfälligsten Kräuter — den silbrigen Beifuß, das Lauch mit seinen großen Kugelblüten und den blaßgrünen Frauenmantel — und setzten sie in ihre Blumenbeete. Damit öffneten sie anderen die Augen für die rein ornamentalen Eigenschaften dieser Gewächse und erweiterten die Zahl der vertrauten Kräuter um einige hübsche neue Vertreter — Pflanzen wie den bronzeblättrigen Fenchel, Kranichschnabel, Mauerpfeffer und Wolfsmilch, die einst als Kräuter galten, aber in Vergessenheit geraten waren, weil sie weder zum Tudor-Knotengarten noch zum klassischen *Omelette aux fines herbes* paßten. Für den künstlerisch Interessierten bietet der Gartenbau mit Kräutern eine neue Herausforderung: eine Möglichkeit, mit Form, Material und sanften Farben zu gestalten. Denn der heutige Kräutergarten ist ein dekorativer Ort, der Pflanzen zeigt, die nützlich sein können, vor allem aber schön sind. Diese Kombination hat schon John Parkinson genau getroffen, als er um 1620 schrieb: »Kräuter dienen dem Nutzen und der Freude.«

III

Der Rosengarten

Alte Rosen werden wieder beliebt. Oben: Fantin-Latour, eine Centifolia, darunter: Albertine, eine Kletterrose.

Vorhergehende Seite: DerRoseraie de L'Hay-les-Roses, südlich von Paris im Marne-Tal gelegen, ist der größte aller französischen Rosengärten. 1894 von Jules Gravereaux angelegt, umfaßt dieser formell konzipierte Garten über 3 000 Rosen-Spezies. Die rechts im Vordergrund zu sehende heißt Sarabande.

Im Jahre 1809, als Frankreich und Großbritannien miteinander im Krieg lagen, wurde ein Schiff, das eine blaßrosa Rose beförderte, sicher über den Kanal nach Frankreich geleitet. Diese wertvolle Fracht war die »Hume's Blush Tea-Scented China«, eine immerblühende Rose, die kürzlich erst aus China nach England gekommen war; und der Empfänger war niemand anders als Josephine, die Frau Napoleons und Kaiserin von Frankreich. Sie liebte luxuriöse Dinge und für Blumen, vor allem Rosen, hatte sie eine Passion, die sich während ihrer Kindheit auf der Karibik-Insel Martinique entwikkelt hatte. In ihrer Stellung an der Spitze der französischen Gesellschaft hatte Josephine das erforderliche Vermögen, um ihren floralen Phantasien freien Lauf zu lassen, und die Macht, um weithin Einfluß auszuüben. Im Laufe ihres Lebens verwandelte sie die Rose von einer Pflanze von mäßigem Reiz zu der gefeierten Blume an der Frontlinie der französischen Gartenmode.

Josephine — ihr zweiter Vorname war Rose — war eine hartnäckige und extravagante Sammlerin, und wie viele Trendsetter bevorzugte sie ausländische Ware. Es machte ihr Spaß, sowohl ihre Pflanzen wie auch ihre Gartenarchitekten zu importieren, und trotz des Krieges war England ihre Lieblingsquelle. Tatsächlich gelang es Josephine, den Krieg zu ihrem Vorteil auszunutzen, indem sie Ansprüche auf alle florale Beute anmeldete, die die französischen Truppen von britischen Schiffen plündern konnten. Ihr Garten in Malmaison — ebenso unorthodox wie ihre Sammelmethoden — war einer der ersten, in dem eine Abteilung ausschließlich den Rosen gewidmet war, mit quadratischen und kreisrunden Beeten zwischen gewundenen Graswegen, die zu einer

Für Blumensträuße sind die hybriden Teerosen unübertroffen. In dieser Vase welkt anmutig eine voll erbühlte »Duftwolke« dahin. Die erste erfolgreiche Kreuzung mit der echten Chinesischen Teerose gelang John Champney aus South Carolina.

Folgende Doppelseite: American Pillar, eine 1902 vorgestellte und lange beliebte, im Sommer blühende Rose, ist in Bagatelle, dem bekannten Rosengarten des Bois de Boulogne in Paris, über eine Pergola gebunden.

Das vertikale Element ist von überragender Bedeutung für einen Rosengarten. In L'Hay-les-Roses bedecken Paul's Scarlet und Mistress F.W. Flight die Turmspaliere so vollständig, daß sie wie blühende Säulen aussehen.

Rechts: Die Mauer hinter der Statue auf dem Forum Romanum ist zwanglos mit Rosen geschmückt.

rosenbedeckten Pergola führten. Jedes Beet strotzte vor Rosenbüschen, und einige waren mit den ausgesuchtesten Gewächsen, zu Rosenstöcken gebunden, ausgestattet. Josephine interessierte sich auch für die Züchtung neuer Arten und ermutigte ihre Gärtner, die vielen Pflanzen zu kreuzen, die sie gesammelt hatte. Zum Gartenbau wie auch zur Kunst leistete sie einen inspirierten Beitrag, indem sie den Künstler Pierre-Joseph Redouté beauftragte, die über 700 Rosen ihrer Sammlung zu katalogisieren. Seine Gemälde machten die Blumen ihres Gartens ebenso unsterblich wie ihren Ruf als überragende Rosenzüchterin.

Noch heute ist Josephines Einfluß offensichtlich: Immer noch besitzen die Rosen ihre Beliebtheit, ihren eigenen Platz im Garten und sind umgeben von französischen Assoziationen. Seit Generationen stehen die Franzosen im Ruf, großartige Rosenzüchter zu sein, und viele der besten Arten haben zumindest eine Spur gallischer Herkunft, wobei die Abkömmlinge solche Namen tragen wie »General Jacqueminot«, »Amelie Gravereaux« oder »Cuisse de Nymphe«.

Natürlich war die Rose schon lange vor Josephines Zeit bekannt, obwohl ihr Ansehen stets den Modeströmungen unterworfen war. Die Griechen priesen sie als Symbol der Liebe und der Schönheit, und die Römer schätzten die Blume so sehr, daß sie Rosen aus Nordafrika importierten, wenn in Italien nicht die Jahreszeit dafür war. Für Festlichkeiten flochten sie Girlanden, Kränze und Gewinde daraus, und der fürsorgliche Gastgeber ließ im Eßsaal Rosenblätter verstreuen, im Glauben, ihr Duft verhindere die Trunkenheit. Es überrascht nicht, daß Rosen bald mit Ausschweifungen gleichgesetzt wurden. Bei einem Bankett des römi-

OB MERITVM CASTITATIS
PVDICITIAE ADQ IN SACRIS
RELIGIONIBVSQVE
DOCTRINAE MIRABILIS
MAX
PONTIFICES V V CC
PRO MAG MACRINIO
SOSSIANO V C P M

schen Kaisers sollen angeblich mehrere Gäste unter den Massen der Rosenblätter erstickt sein, die von der Decke herabflatterten.

Leider haben solche Extravaganzen die Reputation und Beliebtheit der Rose geschädigt. Zum Anathema wurde die Blume den frühen Christen, die sich von allem distanzieren wollten, was an die heidnischen Römer und ihre dekadenten Festivitäten erinnerte. Im großen und ganzen jedoch sind ihre Versuche, die Rose in Mißkredit zu bringen, gescheitert. Im Mittelalter schlich sich die Blume wieder in das christliche Ritual ein, wobei die weiße Rose die Jungfrau Maria und die rote Rose das Blut Christi symbolisierte. Schließlich drangen die Rosen zum Kernstück der Messe selbst vor — in Form von Rosenkranzperlen, die aus der duftenden Masse pulverisierter Rosenblätter gemacht waren. Im säkularen Bereich übernahm die Rose eine eher dekorative Funktion. Die weiße Rose von York und die rote Rose von Lancaster dienten im Krieg der Rosen als Embleme, und später wúrde die Tudor-Rose zum Symbol des englischen Königshauses. In Frankreich benutzte Madame Pompadour die Rose als subtile Signatur und ließ sich kaum ohne Blume in der Öffentlichkeit sehen. In Amerika kaufte William Bradford englische Büsche, um sie in seinen Garten in Massachusetts zu pflanzen; George Washington züchtete Rosen in Mount Vernon; Thomas Jefferson setzte sie in Monticello zwischen wilde Büsche.

Außer als Objekt der Schönheit schätzt man die Rose schon lange wegen ihrer nützlichen Eigenschaften. Wie der Vulgärname der *Rosa gallica officinalis* — der Apothekerrose — andeutet, wurde sie in verschiedenen Formen verabreicht, um allerlei Unbehagen von Kopfschmerzen bis zur Hysterie zu mildern, und wurde für kosmetische und medizinische Präparate verwendet. Die Herbalisten Gerard und Culpepper verteidigten ihre Heilwirkungen nicht ohne Grund. Rosen enthalten Tannin, Öl, Wachs, Zucker und verschiedene Elemente mit adstringierenden und entzündungshemmenden Eigenschaften, und aus ihren Hagebutten voller Vitamin C läßt sich ein Sirup herstellen, der zur Skorbut-Prophylaxe diente. Extrakte aus den Blütenblättern wurden oft Arzneimixturen hinzugefügt, um deren Geschmack und Geruch zu verbessern. Heutzutage steht der Duft der Rose immer noch hoch im Kurs, — insbesondere in Form von Rosenöl, einer Essenz aus den Blütenblättern.

Die ersten Rosen, die in europäischen Gärten gepflanzt wurden, kamen aus dem Nahen Osten, und obwohl es sich um eine uneinheitliche Gruppe handelte, faßt man sie heute als »Alte Rosen« zusammen (in verschiedenen Rosarien werden sie wieder gesammelt und vermehrt).

Im Grunde sind diese robusten Pflanzen, die einmal im Jahr blühen, zäh, krankheitsresistent und von köstlichem Duft. Die ältesten darunter sind die Rosa gallica und die Kohlrose oder Centifolia mit ihren oft bis zu einhundert Blütenblättern. Eine weitere ehrwürdige Gruppe sind die Damaszenerrosen, am bekanntesten wegen ihres schweren Aromas. Die blassen Albarosen tragen Blütenbüschel, desgleichen die Moschusrosen, die zum Klettern neigen. Die Moosrosen sind großblütige Büsche, die nach der moosartigen Behaarung von Stielen und Blättern benannt sind, und die Wein- oder Zaunrosen sind stachelige Kletterer mit roten Hagebutten, die fast so brillant leuchten wie die Blüten selbst. Zu den zähesten gehört die Rosa

Bagatelle, der bezaubernde Rosengarten im Bois de Boulogne, wurde 1905 von J.C.N. Forestier geschaffen. Im Charakter ist er intimer als der Rosaraie de L'Hay-les-Roses. Er enthält kegelförmige Eiben und viele Rosenstöcke, also Rosen, die wie Bäumchen wachsen.

Folgende Doppelseite: Rosengärten stützen sich, was Höhe und Struktur angeht, fast ausschließlich auf Spaliere. In dem großen »Dome« und der Pergola in L'Hay-les-Roses sind die Rosen botanisch, historisch, nach Herkunft und so weiter geordnet. Zum Dom führt ein dekorativer Bestand großblütiger Rosen.

Übernächste Doppelseite: Rosen kennt man seit der Antike. Hier sieht man einen Rosenbusch auf dem Forum Romanum, wo die Liebe der Römer zu den Rosen immer noch in der Luft liegt. Vergil und Ovid haben beide die Rosen bedichtet, die damals schon weithin kultiviert wurden.

Neunhundert Spezies und hybride Rosen — alle bezeichnet — bilden den Cranford-Rosengarten im Botanischen Garten von Brooklyn. Ein Lattenpavillon überschaut die Rosenmassen, von denen viele Spaliere emporklimmen oder an Ketten und Bögen gebunden sind. Buchweizenhülsen als Mulch vermindern die Jätarbeit in diesem ansonsten aufwendigen Garten.

rugosa mit ihrer attraktiven Frucht und robusten Konstitution.

Kurz nach 1800, als Josephine gerade ihren Garten plante, wurden vier neue Rosen in die europäischen und amerikanischen Gärten eingeführt. Dies waren die chinesischen Teerosen, die nach ihrem Herkunftsland und nach der Tatsache benannt waren, daß sie entweder auf den Schiffen von Teehändlern kamen oder daß ihr Duft an den frischer Teeblätter erinnerte. Die vier neuen Rosen waren sofort eine Sensation, weil sie die erfreuliche Eigenschaft hatten, nicht nur einmal, sondern ständig zu blühen. Verglichen mit den bekannten Rosen hatten sie große Blüten, aber den Nachteil, zart und anfällig zu sein. Im Bemühen, Robustheit und ständige Blüte zu kombinieren, wurden die vier — von denen eine die Pflanze war, die Josephine sich aus England nach Malmaison hatte schicken lassen — mit fast jeder zur Verfügung stehenden Rose gekreuzt.

Die vier chinesischen Eltern erzeugten eine enorme Familie, und zu ihrer Nachkommenschaft — die man Hybriden nennt — gehören unzählige Kombinationen von Farben, Formen und Charakteren. Am praktischsten ist es, die modernen Hybriden nach ihrer Robustheit zu klassifizieren. Die Kälte vertragen die hybriden Moosrosen am besten, die hybriden Spinosissima oder Schottischen Rosen und die hybriden Ganzjährigen — die trotz ihres Namens fast neun Zehntel ihrer Blüten im Juni hervorbringen. Auch Buschrosen können das Winterwetter ohne Schutz überleben. Zu den Rosen, die mäßig kälteempfindlich sind, gehören die kleine Polyantharose, die Portland, die Floribunda mit ihren duftenden Doppelblüten, ihre grazile Verwandte, die Grandiflora und die berühmte Teerose — eine Kreuzung zwischen den delikaten chinesischen Teerosen und den robusten hybriden Ganzjährigen. Alle Rosen dieser Gruppe brauchen Schutz, wenn der Winter hart ist und dramatische Temperaturänderungen die Pflanzen mit wiederholtem Frost und Tauwetter zu zerstören drohen. Zum Leidwesen der nördlicheren Gärtner gedeihen die Bourbonen-, die Noisette- und die echten chinesischen Teerosen und ihre Hybriden nur in gemäßigten Breiten.

Im 19. Jahrhundert waren ausschließlich den Rosen gewidmete Gärten ein vertrauter Anblick geworden. Rosen sind immer noch die vielseitigsten aller Blütenpflanzen, weil es für praktisch jede Aufgabe im Garten eine Rose zu geben scheint. Teerosen und hybride Ganzjährige dienen mit ihren eleganten Blüten als ausgezeichnete Beetgewächse, desgleichen die üppig blühenden Floribundas, Grandifloras und Polyanthas. Die hohen Rosenbüsche können Rabatten verschönern oder einen Hintergrund bilden, während man die prunkvoll blühenden zu Rosenstöcken hochbinden kann. Rank- und Kletterrosen, die Lauben, Pergolas, Spaliere und Wände bedekken, sind die beliebtesten von allen, da sie das vertikale Element liefern, das für eine geglückte Gartenarchitektur unerläßlich ist.

Um die Aufmerksamkeit von einer ansonsten ebenen Fläche blühender Rabatten abzulenken, verwenden die Gärtner oft Vertikalen, und da Rosen den Schatten und die Nähe von Baumwurzeln nicht mögen, sind senkrechte architektonische Elemente das effizienteste Mittel, um sie einzugliedern. Die Auswahl an Konstruktionen, um die Blüten in die Höhe zu tragen, ist so reich und vielfältig wie die Blumen selbst. Sockel und Türme werden im Hochsommer zu Säulen vol-

Eine moderne Kulturrose klettert ein weißes Lattenspalier hinauf.

Eine neuzeitliche Version des von Mauern umfaßten Rosengartens findet sich in Penshurst Place in Kent. Die streng angelegten Beete sind mit Gartenraute (Ruta graveolens) *unterpflanzt, wodurch nicht so viel gejätet werden muß.*

Rechts oben: In diesem Londoner Vorgarten ist die Rose die vorherrschende Blume. Dazwischen sind Rittersporn und andere Sommerblumen eingestreut, um die Farbwirkung zu verstärken.

Rechts unten: Mit ihren überhängenden Trieben, ihren warmen, rosa Blüten und ihrem eindringlichen Duft gleicht die Cornelia, eine hybride Moschusrose, vielen Strauchrosen. Ausgewachsen wird sie bis über 2 m hoch.

ler dichtgedrängter Blumen; zwischen ihnen gespannte Seile oder Ketten lassen farbenprächtige Blüten in die Beete darunter hängen. Bögen bezeichnen die Eingänge oder Schnittpunkte der Wege; Laubengänge schaffen Tunnel mit aromatischen Schatten, und als stark lineares Element kann man sie ins Gesamtschema einfügen, um Hauptachsen zu markieren oder verschiedene Teile des Gartens voneinander zu trennen.

Rosen wirken am schönsten vor einem dunklen, gleichmäßig strukturierten Hintergrund, der die Blüten hervorhebt. Plinius legte sein Rosenbeet in einem Ring aus Zypressen an; seither haben zahllose Gärtner denselben Effekt erzielt, indem sie ihre Rosen mit Schierling, Lebensbaum, Eibe oder Buchs umgeben haben. Eine immergrüne Umgrenzung oder eine Steinmauer macht den Rosengarten zu einem abgetrennten Bereich, was vielleicht nicht als Vorteil erscheint, wenn sie im Juni blühen, sie aber aus dem Blick hält, wenn sie verwelkt sind. Wenn manche Rosen auch ein hübsches Blattwerk haben — vor allem die Rosa rubrifolia mit ihren zartgrauen, rosa gefleckten Blättern — und andere im Herbst bunte Blätter und prächtige rote Hagebutten tragen, ist eine nicht blühende Rose kein attraktives Gewächs.

Die meisten Rosengärten haben einen strengen Grundriß mit geometrisch geformten Beeten, die selbst dann noch hübsche Muster ergeben, wenn die Rosen darin nicht mehr die schönsten sind. Die Franzosen haben eine Vorliebe für die formale Strenge, die vielleicht ihre hervorragenden Rosengärten erklärt. Zwei davon liegen bei Paris. Der eine, L'Hay-les-Roses, ist eine Enzyklopädie der Rosenzucht, angelegt als Schaugarten, dessen Exponate sowohl chronolo-

Eine Mauer umschließt den Rosengarten bei Rousham House in Oxfordshire. Getrennte Rosenabteilungen sorgen dafür, daß die Blumen nicht zu sehen sind, wenn sie nicht blühen.

Rechts: Der William-Paca-Garten in Annapolis, Maryland, ist die Rekonstruktion eines eleganten Gartens des vorrevolutionären Amerikas. Eine der vier Abteilungen ist als Rosengarten angelegt, in dem Strauchrosen jener Epoche in Gamander-gesäumten Beeten wachsen. Den Mittelpunkt bildet eine Magnolie. Die Abteilung im Hintergrund ist ein ordentlich gestutzter Buchsbaumgarten.

gisch wie auch nach Sorten geordnet sind. Eine Allee stellt die gesamte Geschichte der Rose mit Blumen dar; eine Abteilung von Beeten ist den alten Rosen gewidmet, die nicht mehr im Handel erhältlich sind; und gleichsam zur Kompensation finden sich in einem anderen Teil des Gartens Beete, die mit den besten modernen französischen Rosen gefüllt sind. L'Hay-les-Roses wurde 1894 von Jules Garvereaux angelegt, einem rührigen Sammler und gründlichen Forscher. Zu seinen gärtnerischen Leistungen gehört, daß er die Rosen wieder versammelte, die Josephine gezüchtet hatte — eine beachtliche Leistung, da ihr eigener Garten schon lange nicht mehr existierte. Er sammelte Josephines Rosen paarweise — je eine für Malmaison und eine für das Malmaison-Beet in L'Hay-les-Roses.

Bagatelle im Bois de Boulogne ist der zweite große französische Rosengarten. Strukturiert ist er mit breiten Kieswegen und Rasenflächen, die von getrimmtem Buchsbaum und beschnittenen Eiben-Kegeln gesäumt sind. Der Grundriß ist streng, die Anlage grün, was einen perfekten Rahmen für die Rosen abgibt, die sich um alles ranken — um Säulen und Stützen, in Beeten, an Seilen und über Lauben. Viele werden als Rosenstöcke behandelt und in die Beete gesetzt, um den strengen Grundriß zu betonen, aber die meisten Rosen widersetzen sich mit ihrer Üppigkeit der Geometrie. Eine Einfassung aus alten Bäumen schafft einen dunklen, schönen Rahmen, der den Eindruck des Gartens als tiefgrüne Laube verstärkt, die mit Unmengen von Rosen gesprenkelt ist.

Ein englischer Rosengarten dagegen bietet ein völlig anderes Bild. Das liegt vor allem daran, daß die englischen Gärtner nicht gerne die bloße Erde sehen und daher fleißig unterpflanzen — ein empfehlenswertes Verfahren, wenn die Begleitgewächse den Rosenwurzeln nicht ins Gehege kommen. Halbsträucher werden zwischen die Rosen gesetzt, denn als mehrjährige Kräuter mit verholzten, niedrigen Zweigen haben sie die passende Größe, um sich gegen die Rosenstengel zu behaupten. Zu den Halbsträuchern gehören viele kompakte, niedrigstehende Kräuter vom glattblättrigen Gamander bis zu den Silberkissen des Beifuß. Die grauen und grünlichgelben Töne solcher Kräuter wie Stabwurz, Heiligenkraut und Gartenraute bilden das Komplement zu den warmen Rosenfarben, und ebenso die blassen Purpurtöne von Lavendel und Katzenminze, ihrer traditionellen Gefährten.

Die Unterpflanzung reicht vom Einfachen bis zum Spektakulären, je nachdem, wie intensiv der Gärtner sich auf die Rosen konzentrieren möchte. Gelegentlich setzen englische Gärtner andere Blumen in ihre Rosenbeete, Rittersporn vielleicht als vertikalen Akzent oder Storchschnabel als Farbtupfer. Ein Rosengarten ist aber im wesentlichen eine exklusive Sammlung, und ob weitere Blüten ihn verschönern, sei dahingestellt. Russell Page rät den Gärtnern, ein Thema zu wählen, es auf alle erdenkliche Weise zu gestalten und alles auszumerzen, was ablenken könnte. Wenn der Rittersporn den Rosen nicht übermäßig viel Aufmerksamkeit entzieht, ist die Kombination recht praktisch, aber im allgemeinen bleibt im Rosengarten die Mitte der Bühne am besten den Rosen vorbehalten.

Rosen gibt es in fast jeder vorstellbaren Form und Größe, und die Züchter sorgen mit Kreuzungen für einen stets wachsenden Vorrat. In jüngster Zeit hat man Blumen in anderen Farben als den herkömm-

Im Uhrzeigersinn von links oben: Eine Ziegelpergola schmückt den Garten der Villa Cimbrone in Ravello, Italien. Steinsäulen tragen die von Lutyens und Jekyll entworfene Pergola in Hestercombe. Goldregenblüten bekleiden diese Chippendale-Pergola des William-Paca-Gartens in Annapolis. Im Garten von Old Westbury ergänzt die hellblaue Wistaria ein hübsches, türkises Kiosk mit Pergola.

lichen Rot- und Rosatönen gezüchtet. Moderne Gärtner haben eine Vorliebe für Lachs- und Orangefarbenes, was vielleicht eher an ihrer professionellen Lust auf Neues und auf botanische Herausforderungen liegt als am persönlichen Geschmack. Da Pastelltöne nur schwierig neben anderen Farben einzusetzen sind, brauchen sie einen eigenen Platz — wenn nicht sogar einen eigenen Garten (meinen solche namhaften Gartenschriftsteller wie Katherine White und Eleanor Perenyi). Die Züchter sind auch fest entschlossen, eine blaue Rose zu züchten, eine Kombination, die zu vermeiden der Natur ebenso geglückt ist wie lindengrüne Tabakpflanzen, weiße Ringelblumen, schwarze Tulpen und gelbe Wicken. Die praktischer Veranlagten bemühen sich um eine dornenlose Rose, und zumindest eine gibt es bereits: Die 1868 vorgestellte »Zéphirine Drouhin« ist eine immerblühende, duftende Kletterrose, und selbst mit Dornen hätte diese Hybride in jedem Garten einen Platz verdient.

In letzter Zeit haben Blumenzüchter versucht, das Interesse an den alten Rosen wiederzuerwekken, die vor der Mitte des 19. Jahrhunderts gezüchtet wurden. Einer ihrer tapfersten Vertreter ist Graham Stuart Thomas, ein weitblikkender englischer Kulturgärtner, der diese Blumen nicht gern in eigenen Gärten sieht, sondern lieber wie Büsche in gemischten Anlagen einsetzt. Er glaubt, daß die alten Rosen als größere, nicht so dichte Gewächse wie ihre modernen Nachfahren einen großzügigen und zwanglosen Platz im Garten brauchen. Gut machen sie sich mit solchen Stauden wie Rittersporn, Lilie, Iris und Silbermantel. Thomas ist auch ein Verfechter des Unterpflanzens und der Technik, Rosen neben weiße Blumen zu setzen, da

Weiß die klassischen Rot- und Rosatöne betont. Viele der alten Spezies und Varietäten blühen nur einmal im Jahr, doch für Graham Stuart Thomas und die vielen anderen, die sich den prachtvollen Blüten, sanften Farben und exquisiten Düften der alten Rosen verschrieben haben, lohnt sich das Warten durchaus.

Die Rosenzucht ist allerdings nicht für jeden etwas. Der gut geführte, ordentliche Rosengarten erfordert ständiges Jäten, Beschneiden, Spritzen und Säubern. Rosen sind ideal für diejenigen, die auch zusätzliche Mühe gerne investieren, — um der Verheißung einer kurzen, aber brillanten Wiederkehr willen. Sie sind für die Extravaganten unter uns, die gern alles auf eine Karte setzen und sich an einem hochsommerlichen Spektakel delektieren wollen, das man am besten mit einem Brillantfeuerwerk vergleichen kann: exotisch, aufsehenerregend und kurzlebig.

Pergolen wurden von den ersten Gärtnern entwickelt — wahrscheinlich für den Weinanbau. In der Welt der Blumen benutzt man sie am häufigsten für Rosen, aber auch für andere Kletterpflanzen. In Huntington Gardens in San Marino, Kalifornien, sind die Rosen an ein weißes Lattenspalier gebunden.

Folgende Doppelseite: Im Kloster Santa Chiara in Neapel bestehen die vier Pergolen aus Majolicasäulen aus dem benachbarten Capodimonte, die mit Früchten- und Blumengirlanden geschmückt sind. Sie unterteilen den Hof in vier Rechtecke, deren jedes mit Blumen und Gemüse bepflanzt ist und von den Mönchen gepflegt wird.

IV

Der Gemüsegarten

Am Fuße dieses gestutzten Birnbäumchens sorgen die Petunien für einen Farbtupfer.

Vorhergehende Seite: Auf den ersten Blick scheint dieser Korb voller Feldfrüchte vielleicht nur einheimische Gemüse zu enthalten. Aber in Wirklichkeit stammt der Inhalt aus aller Herren Länder. Die Aubergine stammt aus Asien, der Weißkohl aus Holland, die Beete ist heimisch, der Spinat aus Persien, der Rettich aus China, Tomaten und Paprika aus Italien, Kartoffeln und Mais aus der Neuen Welt.

Rechts: Der entzükkendste Küchengarten der Welt befindet sich beim Château de Villandry, das der Familie Carvallo gehört. Es handelt sich um die Rekonstruktion eines Gartens aus dem 16. Jahrhundert, als formelles Parterre angelegt und mit den damals zur Verfügung stehenden Gemüsen und einigen Blumen bepflanzt. Der Garten hat zweimal Saison: im Juni und im September (hier im Bild).

In England heißt er *kitchen garden*, in Amerika *vegetable patch*, *L'orto* in Italien und *le potager* in Frankreich, und es ist ein ordentliches Fleckchen Erde, auf dem die Gärtner seit Anbeginn der Geschichte Obst und Gemüse ziehen. Ein Gemüsegarten kann ebenso dekorativ wie nützlich sein, wird aber weniger durch die Auswahl der Gewächse zu einem ansehnlichen Ort als durch das Gesamtarrangement und seine penible Ausführung. Ordnung und Sauberkeit sind seine obersten Tugenden, welche die Notwendigkeit und der vernünftige Gartenbau mit sich bringen. Ein richtiger Gemüsegarten enthält nicht nur die vertrauten Gartengewächse — Salatköpfe in niedrigen Reihen, sorgsam hochgebundene Tomaten, Bohnen, die sich ordentliche Spaliere hinaufranken —, sondern auch ungewöhnlichere Vertreter wie Schalotten, Lauch, dünnschalige Frühkartoffeln und Sauerampfer neben Kräutern für den Hausgebrauch und Schnittblumen. Auch Obstbäume sind hier angepflanzt; Stachel- und Johannisbeersträucher klammern sich an Zäune und Mauern, während Äpfel und Birnen entweder am Spalier oder freistehend in Ecken wachsen.

Technisch betrachtet ist die Anlage eines Gemüsegartens ein präzises Unterfangen mit logischen Richtlinien. Der Gemüsegarten ist der perfekte Garten für den Anfänger und den anspruchsvollen Gärtner, der gern in einem strukturierten Rahmen arbeitet. Seine Anlage ist gleichermaßen von gartenbaulichen Grundprinzipien bestimmt wie von Fruchtfolgeplänen, die vorschreiben, welche Pflanzen in der kommenden Jahreszeit wo wachsen sollen. Ein Wesenszug des klassischen Gemüsegartens ist die Mauer — idealerweise eine hohe Stein- oder Ziegelmauer, die die

jungen Schößlinge vor hungrigen Räubern und vor Wind schützen, die Wärme der ersten Frühlingssonne einfangen und eine Kollektion von Reben und Spalierobst tragen kann. Alternativ dazu bieten auch ein Zaun oder eine Hecke die schützende Umgrenzung und verbergen den Garten während seiner weniger ansehnlichen Phasen. Die Pflanzen stehen in makellosen Reihen, einfach zu säen und leicht zu pflegen, und sind gleichmäßig verteilt, damit jede Pflanze reichlich Platz hat, sich auszubreiten. Wenn die Anlage Beete enthält, sind sie gerade so breit, daß der Gärtner sie noch jäten kann. In den dekorativeren Gärten säumt niedriger Buchs die Beete, oder Spalierbirnen bieten fleckigen Schatten, der die Keimlinge vor der Hochsommerhitze schützt; den einfacher konzipierten Gärten dienen Kräuter- oder Blumenrabatten zum gleichen Zweck. Spaliere braucht man oft für Erbsen, Bohnen, Tomaten und Kürbisse und manchmal auch für Gurken, um sie senkrecht zu ziehen, damit sie den Sonnenschein aufnehmen können, aber auch leicht zu sehen und zu pflücken sind.

Auch Wege spielen eine wichtige Rolle im Gemüsegarten. Sie sollten gepflastert oder fest gestampft sein, um einen festen, trockenen Untergrund für Schubkarren und Gummistiefel abzugeben. Wo sich die Pfade in der Mitte kreuzen, steht oft etwas Funktionelles. Vor der Einführung des Gartenschlauches waren Brunnen und Zisternen verbreitet; letztere werden auch heute noch von vielen Gärtnern bevorzugt, die ihre zarten Pflänzchen lieber mit Regenwasser als Grundwasser hätscheln.

Ein nützlicher Bestandteil des Gemüsegartens ist gewöhnlich — manchmal hinter einer Brombeerhecke — vor den Blicken verbor-

Oben: Zwei der neun Quadrate, die in verschiedenen Mustern Gemüse mit kontrastierenden Farbtönen enthalten. Ziemlich auffällig sind das Blau von Porree und Kohl, das Grün von Möhren und Sellerie und das Rot des Mangolds und der Rote Bete. Außerdem gibt es hier Chicoree, Zucchini, Rosenkohl, Auberginen, Paprika, Petersilie und kirschgroße Tomaten.

Unten: Der Lyssako-Kohl mit seinen roten Herzen hat beträchtlichen dekorativen Wert.

Links: Rosen und Kohl beherrschen den potager *von Villandry. Den Kohl nennt man den König des Gemüses, wie man die Rose für die Königin der Blumen hält. Hier wird dem Kohl in seiner ornamentalen Form Tribut gezollt. Er wächst in Buchsbaumgesäumten Beeten, die von Rosenstöcken interpunktiert werden.*

Folgende Doppelseite: Der prachtvolle Küchengarten von Upton House in Warwickshire erfreut sich einer sonnigen und geschützten Lage unter dem Haupthaus. Eingerahmt ist er von Ziegelmauern, alten Eibenhecken und an seinem Fuße von einem Seeufer.

Oben: Obwohl man Stachelbeeren in der viktorianischen Epoche für eine Delikatesse hielt, hat man ihre Arten nur wenig entwickelt. Begeisterte Gärtner knipsen die jungen Früchte ab, damit die verbleibenden Stachelbeeren so groß wie Murmeln werden.

Links: Jeder kunstfertige Gärtner versucht sich einmal an der heiklen Aufgabe, einen Baum zu spalieren. Dieser fächerförmige Kirschbaum profitiert vom Schutz der Ziegelmauer dahinter und der in ihr gespeicherten Wärme.

gen. Dies ist der Komposthaufen, der das Unkraut und die Kartoffelschalen dieses Jahres in fette, schwarze Erde verwandelt, die neue Triebe nähren wird. Zarte Keimlinge und Ableger sind im Pflanzkasten daneben beherbergt; wenn der Frost über den Garten kommt, werden sie dem Salat und seinen Kräutern weichen. Ein echter Vier-Jahreszeiten-Gärtner — der Status, den fast jeder Küchengärtner anstrebt — wird in einer anderen ungenutzten Gartenecke, wenn möglich neben einer alten Grundmauer oder Quelle, noch ein Frühbeet verbergen, in dem Kompost- und Dungschichten genug Wärme erzeugen, um Melonen und Erdbeeren dazu zu verleiten, Früchte für den winterlichen Frühstückstisch hervorzubringen.

Den meisten Platz im Gemüsegarten nehmen einjährige Gemüse und Blumen ein. Mehrjährige Gewächse wie Spargel, Rhabarber, Sauerampfer und einige Kräuter erhalten Dauerbeete, so daß sie von Saison zu Saison ungestört bleiben können. Um sich im Frühjahr einen guten Start zu sichern, setzt man Früherbsen und Salat gewöhnlich an ein sonniges Fleckchen und solche Wanderer wie Gurken und Melonen auf jeden Fall auseinander, damit sie nicht die weniger expansiven Gewächse ersticken. Bei den Beeten muß man ein paar Grundsätze beachten: Reihen in Ost-West-Richtung bekommen die meiste Sonne ab, und große Pflanzen wie Mais und Stangenbohnen werfen am wenigsten Schatten, wenn sie den Nordrand säumen. Brombeeren, Johannisbeeren und Stachelbeeren wachsen am besten in breiten Beeten zwischen der Mauer und dem Außenweg, wo sie sich in der Sonne und der reflektierten Wärme baden können. Kirsch- oder Birnbäume benutzt man, um die vier Ecken des Gartens zu mar-

Im Uhrzeigersinn von links oben: Ein kluges Rotkehlchen hat sich entschlossen, sein Nest in einem Beerengarten zu bauen. Die Flaschenkürbisse sind in den USA heimisch. Die Blüten der männlichen Pflanzen sind eßbar, ebenso wie die ihrer italienischen Cousins. Gartenwicken, geschätzt wegen ihrer roten, rosa, weißen und blauen Blüten, werden in Gemüsegärten oft auf Spalieren gezogen. Die neuen Kreuzungen haben größere Blüten, duften aber nicht so stark wie die älteren Varietäten.

Die Anlage der schweizerischen Bauerngärtchen im Emmenthal haben sich seit dem 17. Jahrhundert nicht sehr verändert. Wie Villandry besteht dieser Garten aus geometrischen Gemüsebeeten, die von getrimmten Buchsbaumhekken gesäumt sind. Auf dem Balkon der Scheune sind Zwiebelzöpfe zum Trocknen aufgehängt.

kieren, da sie relativ gerade wachsen und weniger Schatten werfen als ihre weitverzweigten Alternativen, die Apfel- und Aprikosenbäume.

Die Aussaat, eine Form der Kultivierung, bestimmt die Neuanpflanzung, wenn das Frühgemüse erst einmal geerntet ist. Es lohnt sich, zu dieser Technik den Rat eines erfahrenen Gemüsegärtners einzuholen. Nach Bernard McMahon, einer viel gelesenen Koryphäe des amerikanischen Gartenbaus im 19. Jahrhundert, liegt »die große Kunst, einen Gemüsegarten zu säen, darin, aus jedem Teil des Bodens das beste zu machen . . . indem man jedes Fleckchen mit so vielen Gewächsen wie möglich besetzt.« Frühe Planung und späte Ernte garantieren den effizienten Einsatz von Zeit und Raum; zwischen Möhren und Rüben Salat zu säen, verdoppelt die Produktivität, weil die jungen Blätter schon für die Salatschüssel fertig sind, lange bevor sie beginnen, die Wurzeln darunter einzuengen; und die gestaffelte Aussaat stellt sicher, daß nicht alle Bohnen am gleichen sonnigen Sommertag reif werden. Der Zwischenfruchtanbau gibt sogar an, welche Pflanzen als Nachbarn gedeihen.

Die erhaltenen Pläne mittelalterlicher Klöster lassen erkennen, daß die Gemüsegärten — wie die Arzneigärtchen — systematisch angelegt waren, wobei jedes rechteckige Beet mit einem anderen Gemüse besetzt war. Zum Gemüse gehörten Blumen und Küchenkräuter, die in der mittelalterlichen Kochkunst eine wichtige Rolle spielten — vor allem in den Salaten, die die Gourmands im 15. Jahrhundert für recht exotische Kost hielten. Nach und nach kam die Rohkost in Mode, und im 17. Jahrhundert wurden Salate in England zu einer kulinarischen Köstlichkeit. Tatsächlich war der Obergärtner von König James II. der Meinung, Salate sollten nicht weniger als fünfunddreißig Zutaten enthalten, darunter Rosenknospen, Himmelsschlüssel, Gänseblümchen, Veilchen und Safran nebst solchem Grünzeug wie Senf, Kresse, Feldsalat und Löwenzahn. Jeder Gemüsegärtner, der mit der kulinarischen Mode Schritt halten wollte, mußte also Blumen zwischen die Erbsen und Möhren pflanzen.

Ursprünglich lag der Gemüsegarten am Haus. Als die besseren Gärtner jedoch mehr und mehr künstlerischen Geschmack entwikkelten, wiesen sie die hervorragenden Stellen neben dem Haupthaus den Blumen zu und relegierten die weniger reputierlichen Gartenfrüchte an einen Platz am Rande. 1629 schrieb John Parkinson: »Die vielen verschiedenen Gerüche, die von solchen Kräutern wie Kohl, Zwiebeln usw. ausgehen, sind kaum ein angenehmes Parfum für irgendeine Behausung.« Bis zum 18. Jahrhundert hatte man den Gemüsegarten ganz außer Sichtweite neben Stall und Misthaufen untergebracht, damit er die sorgfältig komponierte Szenerie nicht störte, die so beliebt geworden war.

Einige sehr hochherrschaftliche Agrarier widerstanden dem Trend, den bescheidenen Gemüsegarten vom Haus abzusondern; vor allem im kolonialen Amerika, wo Sachzwänge und Praktikabilität weit stärker ins Gewicht fielen als ästhetische Bedenken. William Penn, Thomas Jefferson und George Washington waren leidenschaftliche Gemüsegärtner. Der durchdachte und ausgedehnte Gemüsegarten von Mount Vernon flankiert denn auch — gegenüber einem streng angelegten Buchsbaumgarten — den Haupteingang.

Das Interesse der Amerikaner am Gemüse wurde offensichtlich

Dieser Gemüsegarten in Westchester County, New York, beruht auf einem geometrischen Grundriß. In diesen Klimata, wo sich Buchsbaumhekken als nicht robust genug erwiesen haben, bildet ein Holzzaun praktischen Ersatz. Ein Elektro-Draht auf dem Zaun und eine Steinmauer halten das Wild fern.

Das rosenbedeckte Lusthäuschen im früheren Küchengarten der Duchess von Beaufort in Badminton wurde von Russell Page entworfen. Er plazierte es in die Mitte einer Einfassung und benutzte Buchsbaum, um die Beete einzurahmen.

aus Notwendigkeit geboren, als die ersten Siedler eintrafen, aber auch durch die einheimischen Gemüse, die sie vorfanden, erheblich verstärkt; Kartoffeln, Süßkartoffeln, Paprika, Kürbis, Jerusalem-Artischocken (die sogenannten »kanadischen Kartoffeln«), Mais, und sogar »französische« Bohnen. Außerdem waren die frühen Amerikaner für die Vielfalt der Pflanzen wie auch für die Gartenbautechniken der Indianer empfänglicher als die Europäer, die an ihren überlieferten Methoden festhielten und die Kartoffel beispielsweise erst akzeptierten, als Hungersnot und bewaffnete preußische Soldaten sie einführten.

Auch heute noch wird die Gemüsegärtnerei wohl nirgendwo stärker betrieben als in den USA, wo die Gärtner aufgeschlossen sind für die dazugehörige sorgfältige Planung, ihre logische Anpflanzung und die fachmännischen Techniken. Auch die Nützlichkeit trägt zum Reiz der Gemüsegärtnerei bei, da die Amerikaner den Werten des Puritanismus und damit der Selbstgenügsamkeit eng verbunden sind. Eifrige Gemüsezüchter sind überzeugt, daß ihre Zeit und Energie gut angelegt sind und ertragreich belohnt werden, obwohl die Erfahrung zeigt, daß eine vom Samentütchen bis zum Salat selbstgezüchtete Tomate beträchtlich mehr kostet als ein Massenprodukt. Gemüse sind jedoch verläßliche Pflanzen, und das ist ein Hauptanliegen des praktisch gesinnten Gärtners. Ein Rosenkohl-Samen knospt und trägt Rosenkohl; die Kürbisse werden rechtzeitig reif, um Laternen und Thanksgiving-Kuchen daraus zu machen; und die Rüben leuchten genauso purpurrot, wie der Katalog es versprochen hat.

Auch die schnellen Resultate des Gemüseanbaus kommen den Amerikanern und ihrer Mobilität entge-

gen. Die meisten Feldfrüchte sind einjährig und vollenden ihren Wachstumszyklus in recht kurzer Zeit: in kaum mehr als drei Wochen wird ein kleiner Samen zum schmackhaften Rettich; Salatköpfe sind bereits fünfzig Tage nach der Aussaat tafelfertig, und binnen dreier Monate erzeugen ein paar Tomatenpflänzchen ein strotzendes Gewächs. Als Ein-Jahres-Unterfangen befriedigt die Gemüseecke den Wunsch des Gartenanfängers nach schnellen Ergebnissen. Fehler haben nur geringfügige Folgen, weil die Samen billig sind und, einmal gesetzt, ihren Lebenszyklus schnell absolvieren. Der erste Frost eliminiert die Fiaskos der Saison, und im Januar fängt der Gemüsegarten wieder an, wenn der Gärtner Kataloge durchkämmt und sorgfältig die Gewächse vermeidet, die mehr zum Komposthaufen beitragen als zur Küche.

Ein phantasievoll angelegter, runder Gemüse- und Blumengarten in Connecticut wird von einem einzigen Sprinkler bewässert, der in der Mitte des Gartens auf einem Stativ montiert ist. Die Käfige halten Vögel und andere Räuber von den Tomaten fern.

Folgende Doppelseite: In größeren Anlagen sind die gepflegten Gemüse- und Schnittblumen-Gärten oft etwas abseits gelegen, wie hier bei Villar Perosa, der Bergresidenz von Signor und Signora Gianni Agnelli bei Turin.

Oben: Viele Engländerinnen setzen allein aus dekorativen Gründen ein paar Blumen in ihren Küchengarten. Bei Clovelly Court in Devon stehen die Stockrosen gleich neben dem Kohl.

Unten links: Rosemary Vereys Gemüsegarten, inspiriert von Villandry, stellt Rosen und Zierkohl in den Vordergrund.

Unten rechts: Tragbare Glaskästen tragen dazu bei, das Wachstum in Rosemary Vereys Garten in Gloucestershire zu beschleunigen.

Angesichts der steigenden Nachfrage nach sauberem und leckerem Obst und Gemüse, das nicht von Chemikalien verseucht ist, erweist sich der Gemüsegarten als immer attraktiver. Mittlerweile gibt es einen großen Markt für organische Gärtnerei und die entsprechenden Publikationen. Nachdem Ruth Stout, eine Schriftstellerin und überzeugte New Yorker Großstädterin, sich zum Landleben hatte bekehren lassen, beschloß die Mittvierzigerin, einen prächtigen Gemüsegarten anzulegen, ohne völlig zu dessen Sklavin zu werden. Fünfundzwanzig Jahre nach dem ersten Spatenstich hat sie herausgefunden, wie das geht. Sie hat ihre Weisheit in einem entzückenden Buch mit dem Titel *How to Have a Green Thumb Without Aching Back* zusammengefaßt und damit aufgeschlossenen Amerikanern die Augen geöffnet für die Vorzüge des Abdeckens mit Kompost, Mist oder Stroh, um das Unkraut niedrig zu halten und die Feuchtigkeit zu bewahren.

Solche praktischen Tips sind aber nur ein Teil der Kunst, einen Gemüsegarten zu pflegen. Früher oder später wird wohl jeder Gemüsegärtner zum Virtuosen. Der eine beschließt, Tomaten zu ziehen — ausschließlich rote, gelbe und orange, von den kirschgroßen bis zu den pflaumen- und birnenförmigen Varietäten; ein anderer konzentriert sich auf Salate und wählt dabei internationale Spezies wie *laitue grosse blonde parasseuse*, Arrugula aus Italien, Wasserkresse und französischen Sauerampfer. Der abenteuerlustigere Gärtner wird vielleicht alles in seltsamen Farben pflanzen: weiße Auberginen, weiße Erdbeeren und weiße Gurken, purpurrote Erbsen, gelbe Rote Beete, blaue Kartoffeln und roten Salat. Der Blumenliebhaber kann sich auf Gemüse mit ansehnlichen

Oben: Schrebergärten in oder bei Städten und industriellen Zonen wie dieser hier in Faversham, England, erlauben den Städtern, ihre Lieblingspflanzen und -blumen zu züchten.

Rechts: Eine Koreanerin und ihr Sohn sähen in ihrem Schrebergarten in Santa Barbara Bohnen.

Thomas Jeffersons immenser Gemüsegarten bei Monticello beinhaltete über 250 Kräuter- und Gemüsesorten, darunter Zierbohnen und das Symbol des amerikanischen Erntedankfestes: den Kürbis.

Blüten beschränken, zum Beispiel Auberginen, Okra und rote Stangenbohnen, oder auf solche mit eßbaren Blüten wie Kapuzinerkresse, Ringelblume, Nelken, Kürbis und Borretsch.

So wird das Verlangen, die Natur bis an ihre Grenzen zu treiben, zum Handwerk des Gemüsegärtners: die frühesten Birnen zu produzieren, an einem kalten Januartag einen zarten Salatkopf pflücken, Artischocken zu setzen, wenn alle darauf bestehen, daß die Nächte noch viel zu kalt sind, und einen Baum zu pfropfen, der fünf verschiedene Apfelsorten trägt. Außerhalb des Gartens ist der Wettbewerb zwischen den eifrigen Gemüsezüchtern institutionalisiert worden, wie zur Zeit der Kätner, die ihre besten Exemplare auf den Blumenmärkten vorstellten: Keine Landwirtschaftsmesse wäre komplett ohne Gemüsegärtner von acht bis achtzig, die stolz ihre Erzeugnisse zur Schau stellen und hoffen, für den monströsesten Kürbis, die perfekteste Purpur-Aubergine oder für die besten eingelegten Gemüse den Sonderpreis zu ergattern.

Oben: George Washingtons Küchengarten in Mount Vernon ist ein klassisches Beispiel für den amerikanischen Gemüsegarten. Er ist von Ziegelmauern mit Lattenzäunen obendrauf umgeben; zwei achteckige Hüttchen betonen die Enden des Gartens. An den Mauern ist Spalierobst zu einer Hecke hochgebunden, und das Gemüse — dem im 18. Jahrh. zur Verfügung stehenden vergleichbar — ist in geometrischen Beeten angepflanzt.

Rechts: Das von George Washington entworfene Gartenhaus wurde 1789 fertiggestellt. Im Sommer beherbergt es Körbe, Werkzeug und Glasglocken und dient im Winter als sicherer Unterschlupf für die zarten Zitrusbäumchen und andere semitropische Gewächse.

V

Das Stauden-Beet

Ein kleineres Beet mit Bartiris und Sonnenröschen am Fuße des Hauptgartens von Bampton Manor kündigt mit seinen Frühlingsblüten das prächtige Schauspiel der großen Rabatten im Juli an.

Seite 103: Diese Staudenrabatte befindet sich bei Upton House in Warwickshire. Baumlupinen, Mohn, Büsche und ein paar Bäume sind auf dem ansteigenden Terrain angepflanzt, um dem Beet zusätzlich Höhe zu verleihen.

Vorhergehende Doppelseite: Ein Zwillingsbeet bei Bampton Manor, Oxfordshire, stellt dar, wie nach Meinung der verstorbenen Countess Munster ein richtiges Beet aussehen sollte. Riesige Anhäufungen von Stauden wie Rittersporn, Wiesenraute, Rosen, Glockenblumen, Sterndolden und Heiligenkraut verleihen ihm Körper und Masse. Vor und hinter dem Beet führen Graspfade entlang, was bei einem Beet dieser Breite unerläßlich ist.

Rechts: Obwohl die in Staudenrabatten verwendeten Blumen häufig dieselben verläßlichen Sorten sind, können Lage und Anordnung der Beete selbst eine prächtige Wirkung erzeugen. So ist zum Beispiel dieses Rabattenpaar bei Bampton Manor in einen Rasen eingebettet, den eine von Säuleneiben unterbrochene Hecke säumt.

Ein vollwertiges Stauden-Beet zu schaffen, ist vielleicht das anspruchsvollste ästhetische Kunststück der Gartenplanung. Diese Kunst ist der Malerei ebenso eng verwandt wie der gartenbaulichen Beschlagenheit, denn das Ziel der Anpflanzung ist die Komposition einer Gartenansicht aus Formen, Materialien und bedachtsam zusammengestellten Farbtönen. Im Garten allerdings ist der Erfolg schwieriger zu erzielen als auf der Leinwand, weil die einmal eingesetzten Blumen nicht überdauern. Sie welken und sterben, und eine entsprechende Gruppe von später blühenden muß ihren Platz einnehmen, wenn die Anlage eine Zeitlang für das Auge interessant bleiben soll. Außerdem umfassen die mehrjährigen Stauden eine ausgedehnte Pflanzengruppe; daher ist die Anlage eines Stauden-Beets ein persönliches Wagnis — keine Frage von Regeln und Präzedenzfällen, sondern eine des individuellen Stils und Geschmacks.

Stauden sind im wesentlichen Feldblumen, die sich an Stellen am wohlsten fühlen, welche die Weite und das Funkeln einer Wiese im Hochsommer wiedergeben. Daher sollte das perfekte Beet mit Blumengruppen, die an ihr natürliches Habitat erinnern, unstrukturiert und ungezwungen wirken. Doch dieser lässige Eindruck trügt: Tatsächlich ist dieses Gartenelement von der Planung her eines der kompliziertesten, weil es fast ausschließlich auf den Kurzzeiteffekten der Blumen beruht. Das Muster, das so vielen anderen Gartentypen als Thema dient, spielt hier kaum eine Rolle: Blumen sind die Hauptattraktion, zu farbenfrohen oder gedeckten Kombinationen zusammengestellt, die gleichzeitig blühen und so lange wie möglich. Die Stauden, die den Großteil der Beete ausmachen, sind robuste

Blütenpflanzen, die sich jeden Winter in den Boden verkriechen und von Saison zu Saison überdauern. Trotzdem müssen die Pflanzen, die in das Beet kommen, nicht ausschließlich mehrjährig, Wildstauden oder absolut robust sein: Einjährige Blumen und zarte Beetgewächse bieten unschätzbare Farbtupfer, bevor oder nachdem die mehrjährigen Blumen blühen. Mit Sträuchern kann man ein massives Element einbringen und das Beet in verschiedene Bereiche für bestimmte Pflanzen- oder Farbgruppen unterteilen. Mit Ranken läßt sich eine Mauer hinter dem Beet verschönern; kleine Bäume setzen vertikale Akzente, während bestimmte Nadel- und Laubgewächse Textur und optischen Reiz bieten, wenn die Blumen nicht in Blüte stehen.

Ob Stauden-, Wildstauden- oder Mischbeete — am eindrucksvollsten sind sie im Sommer, da die meisten Stauden zwischen Juni und September blühen. Die Blüteperiode auszudehnen, ist ein schwieriges Unterfangen, und die erste Entscheidung des umsichtigen Gärtners bei der Planung des Beetes ist, ob einige Blumen »vor«-blühen sollen, was dem Beet ein gesprenkeltes Aussehen geben kann, oder ob er sich darauf konzentriert, daß alle Blütezeiten zusammenfallen, wodurch die Brillanz einer fein abgestimmten und synchronisierten Präsentation gesichert ist. In letzterem Fall wird die Haupt-Blütezeit entweder zwischen Frühjahr und Hochsommer (Juli) liegen oder im späten August und September.

Der erste Schritt bei der Anlage eines Stauden-Beetes ist der Bau einer massiven, vertikalen Rückfront. Das kann eine Ziegel- oder Steinmauer sein, eine getrimmte Buchsbaumhecke oder ein Gewirr von Kletterrosen oder Büschen. Man kann das Beet auch in eine

In einem Beet bei Upton House sorgt ein blühender Holunderbusch hinter der Ziegelmauer links für Höhe, indem er den Blick vom Boden ablenkt.

Links: Dieses Zwillingsbeet wird durch einen Grasstreifen getrennt, der gleich neben dem Gemüsegarten steil hügelab zum See bei Upton House führt. Sein Charakter ist ebenso durch die Hanglage wie durch die lebhaften Blumen bestimmt. Der orangerote Mohn bietet einen verblüffenden Kontrast zu den blauen Glockenblumen, Sperrkraut, Rittersporn, Veronika und Iris, die Anfang Juli blühen.

Folgende Doppelseite: Eine drei Meter hohe Steinmauer ragt hinter dieser an Schönheit und Größe unübertroffenen Staudenrabatte auf. Die von Mr. und Mrs. Michael Hornby sorgfältig geplanten Farbwirkungen und abgestuften Harmonien sind das Vermächtnis von Gertrude Jekyll. In diesem Beet stehen über 75 Blumenarten, darunter Fingerkraut, Phlox, Dahlien, Astern, Fingerhut, Salbei, Königskerzen, Tabakpflanzen, Schmucklilien, Löwenmaul, aber auch Rosen, Mohn, Rittersporn, Pfingstrosen und Glockenblumen.

Die Perennenrabatte von Pusey House ist so breit, daß sie einen Rahmen braucht, der an dieser Stelle aus Katzenminze, Mohn und weißen Glockenblumen besteht.

Rechts: Die hohen, schmiedeeisernen Tore bieten eine willkommene Abwechslung in der langen Mauer und einen weiteren Blickfang des Beetes bei Pusey House. Die Farbmischung des Beetes und die allgemeine Luftigkeit lassen das ganze wie eine Wiese in Hochkultur wirken. Eine Rabatte von diesen Dimensionen erfordert mit ihrer Blütenfolge großes gärtnerisches Können und fast unablässige Pflege. Im Juni sind Mohnblumen, Wiesenraute, Glockenblumen und Rosen in voller Pracht zu sehen.

Rasenfläche setzen; in diesem Fall ist ein Doppelbeet am besten geeignet. Die Abmessungen und Proportionen sind vom umgebenden Garten und dem Enthusiasmus des Gärtners abhängig. Doch bei großzügigen Proportionen und reichlicher Bepflanzung kann ein richtiges Stauden-Beet einen ganzen Garten in ansonsten schlichter Umgebung beleben.

Ebenso wichtig ist der Pfad längs der Rabatte. Seiner Farbe und Beschaffenheit sollte man ebensoviel Aufmerksamkeit widmen wie der Auswahl der Blumen, denn sein visuelles Gewicht ist nicht zu unterschätzen. Breite Graswege oder Rasenflächen sind besonders vorteilhaft, da das grüne Gras die Farben und Formen der Blumen hervortreten läßt. Wenn die scharfe Kante zwischen Rasen und Beet einengend wirkt, kann man eine Reihe Ziegel oder Steine am vorderen Rand zwischen Rasen und Blumen setzen. Dann können die Pflanzen sich ausbreiten, ohne Gefahr zu laufen, von einem Rasenmäher geköpft zu werden. Dort, wo häufiger Passanten zu erwarten sind, kann man einen praktischeren Weg aus dicht gestampfter Erde, Steinplatten oder feinem Kies anlegen, dessen Ränder von unregelmäßig gesetzten Pflanzen unterbrochen werden.

Um eine breite Vielfalt von Blumen am besten zu präsentieren, werden Stauden-Rabatten in mindestens drei Schichten gesetzt, wobei man von den niedrigen Gewächsen am vorderen Rand allmählich zu den hohen Teilnehmern im Hintergrund, beispielsweise Rittersporn, Päonien und Lilienschweif, aufsteigt. Die Zahl der Schichten ist durch die Breite der Beete festgelegt, die ihrerseits die Breite des Gartenraumes, die Höhe der Umfassungsmauern und die Länge der Rabatte selbst wider-

Ein schmiedeeisernes Gatter, das zur Staudenrabatte am Fuße einer alten Ziegelmauer führt, verleiht dem Garten von Rousham House in Oxfordshire etwas Bezauberndes.

spiegelt. Die Blumen sind in eher horizontalen Reihen als in Haufen gesetzt, um eine verflochtene Wirkung zu erzielen. Vor allem aber darf die Anlage nicht streng sein.

Niedrige, bodennahe Gewächse säumen die Front der Beete und glätten den Übergang zwischen dem Weg und den höheren Blumenmassen. Hohe Glockenblumen, Zwergnelken, Storchschnabel und Frauenmantel bilden heitere Farbkissen. Pflanzen mit hübschen Blättern, die ihre Form während der Wachstumsperiode behalten, wie Hosta, Bergenia, Schwertlilie und Beifuß, sind ebenso von Nutzen wie niedrige Pflanzen, die früh schon Blätter treiben.

Das Herzstück der Beete ist der Mittelstreifen, auf dem sich der Löwenanteil der Pflanzen drängt. Diese sollten mittelgroß sein und in drei oder mehr Exemplaren gruppiert sein, um ein zusammengewürfeltes Erscheinungsbild zu vermeiden. Es ist viel besser, eine wirkungsvolle Blumengruppe zu vergrößern, als sie in kleinem Maßstab zu wiederholen. Die Schichten sollten in der Größe variieren, um monotone Rhythmen zu vermeiden; je größer sie sind, desto eindrucksvoller, — insbesondere von der Seite betrachtet, wo die Perspektive selbst den massivsten Haufen zu einem bloßen Farbtupfer reduzieren kann. Eine vorgezogene Schafgarbe hier und da erhöht den Reiz und ist grazil genug, um den Blick auf die Blumen dahinter zu gestatten. Die Höhe ist die wichtigste Dimension des Mittelstreifens und läßt sich in den ungezwungensten und hübschesten Anlagen erzielen, indem man unregelmäßige Blöcke aufbaut. Diese Anordnung ist von Nutzen, um die leeren Stellen zu verbergen, welche von den früh verblühenden Lupinen, dem orientalischen Mohn oder ähnlichen Blumen hinterlassen werden.

Auf der Hinterseite des Beets dienen die Pflanzen vornehmlich als Betonung und Silhouette. Hochgewachsene Rosen am Stock, Lauch, Kugeldisteln und Federmohn wechseln sich oft ab mit weißblühendem Meerkohl und Strauchrosen. Spitze Pflanzen haben hohen architektonischen Wert, können aber unnatürlich und steif wirken, wenn sie alle gleich groß sind. Während Rittersporn beispielsweise dazu neigt, in hübsch abgestuften Kolonnen zu wachsen, entfalten sich Lupinen als gleichhohe Blütenteppiche. Ein paar Triebe nach hinten zu binden, trägt zu sanfteren Linien bei und verlängert die Blütezeit.

Eine gestaffelte Blüteperiode herzustellen, ist eine mühsame Arbeit — selbst bei guter Planung und ständigem Beschneiden. Ein Stauden-Beet ist immer »Plackerei«. Einige Pflanzen brauchen mehrere Jahre, bis sie sich etabliert haben; andere erfordern mehrfaches Versetzen, bevor sie neben ergänzenden Gefährten einen Platz auf Dauer gefunden haben. Die meisten Gewächse muß man alle paar Jahre ausdünnen und auseinanderziehen, die rankenden Spezies noch öfter. Viele brauchen Spaliere — eine anstrengende, aber notwendige Pflicht, da die Mehrheit der größeren Blumen zu unordentlichem Wachstum neigt oder keinen Wind und starken Regen vertragen kann. Mit anderen Worten: Eine wirklich prächtige Stauden-Rabatte ist tatsächlich eins der arbeitsintensivsten Gartenelemente.

Zwei Namen sind praktisch Synonyme für die Stauden-Beete: William Robinson und Gertrude Jekyll. Diese begabten und phantasievollen britischen Gärtner des 19. Jahrhunderts waren die führenden Verfechter dieses Stils. Als jähzorniger und freimütiger Mann hegte William Robinson einen tief-

Die alte Stadtmauer dient als massives Rückgrat dieser robusten Rabatte bei New College, Oxford. Die Büsche und kleinen Bäume, mit denen das Beet durchsetzt ist, tragen dazu bei, die Höhe der Mauer herunterzuspielen.

verwurzelten Haß gegen die viktorianische Gärtnerei. Insbesondere verabscheute er jene flachen, ornamentalen Beet-Muster in primitiven und grellen Formen mit rotem Salbei, oranger Canna, gelben Pantoffelblumen, blauen Lobelien und ultramarinblauem Leberbalsam, die man immer noch in öffentlichen Anlagen sehen kann und die zuweilen die Form einer Uhr haben oder den Namen der Stadt darstellen. Gewöhnlich werden die zarten (weil exotischen) Gewächse mit gewaltigem Aufwand in Treibhäusern gehegt und nach dem letzten Frost mühsam in starren Mustern gesetzt. William Robinson soll seinen Widerwillen gegen die zarten Pflänzchen bekundet und seine erste Stelle als Gärtner in Irland verloren haben, indem er an einem kalten Winterabend die Fenster im Treibhaus seines Dienstherrn öffnete. Das mag nur eine Legende sein, aber seine nächste Anstellung im Garten der Royal Botanic Society war mehr nach seinem Geschmack: Er sollte sich um den Staudengarten kümmern. Er schrieb mehrere Bücher, in denen er die Entwicklung eines ungezwungenen Stils in der Blumengärtnerei vertrat, mit locker arrangierten, dauerhaften Anlagen, die ausschließlich aus robusten Spezies bestehen. Da er eine besondere Zuneigung zu den britischen Wildblumen faßte und ihre Verwendung verfocht, beschloß er, seinen neuen Blumengarten-Typ den »Englischen Garten« zu nennen. Rabatten seien der geeignetste Ort, um Blumen zu pflanzen, behauptete W. Robinson: »... es gibt kein hübscheres, abwechslungsreicheres oder angenehmeres Blumenarrangement, und keines, daß sich so leicht in fast jeden Gartentyp integrieren läßt.«

Obwohl Robinson die Staudenbeete nicht erfunden hat — die

Rechts: Die Zwillingsrabatte bei Westwell Manor in Oxfordshire ist Anthea Gibsons zeitgenössische Interpretation von Gertrude Jekylls Farbbehandlung. Sie verwendet die Blüten und Blätter des Wollziests (Stachys lanata), *Berufskraut, Storchschnabel, Eisenhut, Nelken und Glockenblumen, um eine entzükkende Mischung von Grau-, Blau- und Grüntönen herzustellen. Durch die zusätzlichen hohen Gräser wirkt das Beet recht luftig.*

Oben: Crambe cordifolia, *Lilienschweif, Russell-Lupinen, Federmohn und eine* Rosa rubrifolia *sind die großen Pflanzen, die für die Rückseite dieses Beetes bei Westwell Manor verwendet wurden.*

Unten: Geranien, Sterndolden, Wiesenraute, Ochsenzunge, Berufskraut, Leinkraut, Salbei und Königskerzen mischen in diesen monochromen Beeten bei Westwell Manor ihre zarten Farben.

ersten (ein Paar bei Arley Hall in Cheshire) sollen um 1845 entstanden sein —, befreite er seine Zeitgenossen von den gartenbaulichen Einschränkungen der eleganten viktorianischen Beete. Er schätzte Pflanzen höher als Strukturen und bereitete der Verbreitung der Stauden-Rabatte ebenso den Weg wie anderen Anlagen, so zum Beispiel den Mulden- und Waldgärten. Als Gründer und Verleger der Zeitschrift *The Garden* konnte er die Einstellung des Publikums gegenüber winterharten Pflanzen und ihrem natürlichen Habitat formen und bilden. Sein Einfluß hat über ein Jahrhundert angehalten, was uns die vielen heutigen Gärten beweisen, die seine gärtnerischen Ideen widerspiegeln.

Seine Freundin und Mitstreiterin Gertrude Jekyll verwendete ihre beträchtlichen künstlerischen und gärtnerischen Fähigkeiten darauf, die Wildpflanzen zu einem herausragenden Gartenelement zu verwandeln. Miss Jekyll war eine begabte Koloristin, die aus Blumenbeeten mit Farben, Formen und Strukturen ebensolche Bilder schuf wie auf der Leinwand. Zunächst errichtete sie einen Rahmen aus massiv wirkenden, »architektonischen« Pflanzen — Immergrün-Gewächsen und großblättrigen Spezies wie Bergenia, Bärenklau und Yucca —, dann füllte sie ihn mit Blumenmassen, wobei sie die Gesamtkomposition mit warmen und kühlen Farben strukturierte. Ihre Rabatten wirkten mühelos, insbesondere auf diejenigen, die robuste Pflanzen und Wildblumen mit minimaler Pflege gleichsetzten; aber wie Frau Jekyll bescheiden anmerkte, sah die Wirklichkeit anders aus:

> »Die es nicht besser wissen, mögen glauben, daß die anspruchsvollste Gärtnerei mit

Wildblumen einfach ist. Sie ist alles andere als einfach. Es hat mich ein halbes Leben gekostet, herauszufinden, was die Mühe am besten lohnt, und ein Gutteil der zweiten Hälfte, Methoden dafür auszuhecken.«

Dieses Zitat steht in ihrem Buch *Colour Schemes for the Garden* — ein Titel, der die Bedeutung der Farben für sie erkennen läßt.

Farbliche Gestaltung und abgestimmte Harmonie waren denn auch die wesentlichen Merkmale ihres Gartens zu Munstead Wood in Surrey. Sie hatte nicht nur ein gewaltiges, 60 × 4 m messendes Stauden-Bett, sondern auch noch andere, nicht ganz so farbenfreudige. Eines bestand ausschließlich aus Blau, Purpur und Gelb, und ihre berühmte Heidekraut-Herbstaster-Rabatte blühte im Spätsommer in den Tönen von Rosa und Purpur. Solcherart tonige Rabatten waren Gertrude Jekylls Erfindung und Spezialität, wie auch Gärten mit Pflanzen, die in einer einzigen Farbe blühten, insbesondere weiße Blumen in Verbindung mit silberblättrigen Gewächsen und solche mit grellbunten Blättern und Pastellfarben. Miss Jekylls Behandlung der Farbe Weiß war beispiellos und hat die gesamte Blumengärtnerei nachhaltig beeinflußt. Mit dem analytischen Blick des professionellen Malers begabt, formulierte sie ihre Farbtheorien und verglich die Anlage eines Gartens oder eines Beets dem Malen eines Blumenbildes: das Gelingen hänge von einer sorgfältig komponierten Palette ab. Sie glaubte, daß warme Farben am besten harmonisch zusammengestellt werden, kalte Blau- und Grautöne hingegen im Kontrast zu blassem Gelb und Pastellrosa. Im allgemeinen sind warme Farben kräftiger als kalte; ein Tupfer Rot hat beispielsweise das gleiche visuelle Gewicht wie eine Masse Blau. Und obwohl sie von nahem überzeugen mögen, wirken starke Kontraste aus der Entfernung verwaschen: Blaue Ochsenzungen neben scharlachrotem Mohn scheinen aus zwei Meter Entfernung einander ebenbürtig zu sein; aus der dreifachen Distanz aber werden sie purpurn und dunkel. Die subtileren Kontraste sind es, die ihre Anlagen so überzeugend machen. Niemals zuvor in der Geschichte des Gartens hat die Farbe eine so wesentliche Komponente dargestellt, geschweige denn eine von überragender Bedeutung. Als die Viktorianer die Brillianz der Primärfarben exotischer Zierpflanzen entdeckten, stürzten sie sich darauf wie die Kinder. Es brauchte eine Persönlichkeit wie Gertrude Jekyll, um den Geschmack an gedämpften Farbtönen zu entwickeln und zu unterstützen, der mittlerweile als Merkmal des Subtilen gilt.

Das Stauden-Beet ist der beste Ort für Farben — ob als Blütentumult in allen Schattierungen oder als einheitliches Gebilde. Ungeachtet aller persönlichen Vorlieben bestimmt die Natur in jeder Jahreszeit

Eine einfache Rabatte bei Snowshill Manor in den Cotswolds, die von Klatschmohn und dem allgegenwärtigen Frauenmantel beherrscht wird, führt zu einem mittelalterlichen Taubenschlag hinab.

Folgende Doppelseite: Oft beschrieben, aber selten zu erblikken sind die bizarren Freuden der viktorianischen Teppichbeete. Bei Hampton Court ist ein großes Beet einer Mischung von Pflanzen mit farbigen Blättern gewidmet: Buntlippe, Zierkohl, Mangold und Greiskraut.

die vorherrschende Farbskala. Stupende Kontraste sind es, die den Garten im Frühling leuchten lassen, Tulpen und Primeln in kräftigen Farben und später tiefblaue Schwertlilien und lachsfarbener Mohn. Nach und nach beginnen Pfingsrose, Lupine und Akelei in blasseren Tönen zu blühen, die sanftere Harmonien ahnen lassen. Im Hochsommer strahlt das Beet in ausgeklügelten Schattierungen: Rosafarbene Reihen in voller Blüte scheinen unter Rittersporn und Glockenblumen hervor; Storchschnabel erscheint in allen Rosa- und Rotblau-Tönen, betont vom sanften Mondgelb der Schafgarbe und den graublättrigen Gewächsen. Im Spätsommer dann besinnt sich die Natur auf Gelb, Orange und Purpur der Astern, Dahlien und Chrysanthemen neben dem matten Mauerpfeffer und der delikaten japanischen Anemone. Wenn der Herbst naht und die Blumen welken, sind es die Pflanzen mit den schönen Blättern und der robusten Konstitution, die immer wichtiger werden. Nun wird es Schlafenszeit für die Rabatte, bevor sie im nächsten Jahr mit Eifer ihren Zyklus von neuem beginnt.

Rechts: Trotz der heißen New Yorker Sommer steht diese Perennenrabatte aus New-Dawn-Rosen, Iris, Mutterkraut und Rittersporn in Old Westbury Gardens auf Long Island in voller Blüte.

VI

Die italienische Schule

Einer der vielen Brunnen der Villa Medici in Rom.

Eine der drei Tiergruppen, die sich in der Grotte der Villa Medici di Castello bei Florenz finden. Bereits im 16. Jahrhundert bildete sie eine touristische Attraktion. Wasser und Grotten sind die Schlüsselelemente des italienischen Gartens, da sie angesichts der heißen Mittelmeersonne Abkühlung und Schatten bieten.

Vorhergehende Seite: Ein schattiger Garten bei der Villa Medici auf dem Colle Pincino in Rom beherbergt einen alten Sarkophag und andere römische Antiquitäten. Der Zauber der italienischen Gärten liegt in der erstaunlichen Verschmelzung von Natur, Architektur und historischen Überbleibseln.

Rechts: Dieser Brunnen vom Ende des 16. Jahrhunderts ist ein besonders reizvoller Bestandteil des Gartens der Villa Aldobrandini in Frascati bei Rom. In dieser natürlichen Umgebung, von einer Grotte verziert, liegt die Wasserquelle auf dem höchsten Punkt des Grundstücks. Das in Kanälen geführte Wasser durchläuft verschiedene Stadien, bis es schließlich in seiner kunstvollsten Form am Punkt seiner Bestimmung ankommt: dem Wasserspiel neben der Villa.

Während der Renaissance zog sich die italienische Oberschicht aufs Land zurück, um der Hitze der mediterranen Sommer und dem Gestank der übervölkerten Städte zu entfliehen. Diese Sitte, die sogenannte *villeggiatura*, führte dazu, daß hoch oben in den Hügeln um Florenz und Rom Villen erbaut wurden, von denen aus man die kühlen, erfrischenden Brisen genießen und sich am Anblick der Ebenen unten im Tal erfreuen konnte.

Praktisch alle Herren dieser großartigen Landsitze aus dem 15. Jahrhundert waren vermögende, gebildete Männer, für die die Natur eine Quelle gewaltigen Vergnügens war. Vertraut mit den architektonischen Traditionen der klassischen Antike, bevorzugten sie einen alten Baustil, der die Grenzen zwischen den Wohnräumen im Haus und im Freien verwischte. So wurden ihre Gärten zum integralen Bestandteil ihrer Villen. Nicht mehr wie im Mittelalter als bloße Sammel- und Pflanzstätten von Gewächsen betrachtet, galten die Gärten der italienischen Renaissance als Freiluft-Räume, wo man unter freiem Himmel den häuslichen Aktivitäten nachgehen konnte.

Die Planer waren gehalten, Gärten zu bauen, die diesen Zeitgeschmack widerspiegelten, sich aber gleichzeitig den Unebenheiten des italienischen Terrains anpaßten. Ursprünglich waren ihre Anlagen recht willkürliche Adaptionen des mittelalterlichen *hortus conclusus*; aber im Verlauf der Renaissance ordneten sich die Gärten immer symmetrischer um eine Mittelachse. Terrassen wurden in die Hügel gegraben, um eine Abfolge getrennter Gartenräume zu schaffen, die ansprechende Landschaften überblickten. Verschiedene Ebenen verband man mit Haupt- und

Oben: An der Villa d'Este kommt das Wasser in allen möglichen Erscheinungsformen zur Geltung: in Quellen, Kaskaden, Bächen, Teichen, Fontänen und Wasserspielen.

Rechts: Dieses Wasserspiel bei der Villa d'Este liegt an einer höchst vorteilhaften Stelle — auf einem sehr steilen Hügel.

Links: Im Herzen der massiven Fontana dell'Organo (des Orgelbrunnens) der Villa d'Este, dem berühmtesten Wassergarten Italiens, tut sich eine Nische auf. Mit Hilfe des Wasserdrucks wird hier eine Orgel betrieben, die in den oberen Teil des Brunnens eingebaut ist.

Oben: Der Brunnen der Diana steht am Fuße einer 78 m hohen Kaskade im Park des Palazzo Reale in Caserta. Dieser im französischen Prachtstil gehaltene, monumentale Garten enthält viele römische und Renaissance-Elemente.

Links: Der sehr lange Viale dello Cento Fontane, die Terrasse der Hundert Fontänen im Garten der Villa d'Este, ist mit bemoosten Figuren von Adlern, Obelisken, kleinen Booten und heraldischen Symbolen geschmückt.

Querachsen in Form von Wegen, Wasserläufen, Loggia-Kolonnaden, weinüberwucherten Pergolen und schattigen Alleen. Große Steintreppen und schwungvolle Rampen führten die Niveauunterschiede vor Augen, und hochentwickelte Wasserkünste faßten die natürlichen Quellen ein. Die Bepflanzung allerdings hielt sich in Grenzen.

Die Villa selbst lag auf dem höchsten Punkt des Anwesens und beherrschte den Blick über den Garten und das Umland. Umgeben war sie von äußerst streng angelegten Terrassen, verziert von niedrigen Beeten mit präzise beschnittenen Bäumen und in einfachen Mustern angelegten Büschen, den wichtigsten Gewächsen. Mit solch niedriger Bepflanzung war der Boden unmittelbar um das Haus der vollen Hitze der Mittelmeer-Sonne ausgesetzt — obwohl das kaum zum Be-

*D*ie Personifikation des Apennin, *eine Skulptur von Ammanati, erhebt sich vor Kälte zitternd im* Bosco, *dem wilderen Teil des Gartens bei der Villa Medici di Castello.*

Oben: Russell Page entwarf diesen neoklassizistischen, italienischen Garten in Moncalieri bei Turin.

Unten: Die Verwendung von Parterres war schon lange Usus in Italien, bevor sie sich in Frankreich durchsetzte. Besonders ansprechend ist dieses in Buchs und dem zarteren Cypressenkraut ausgeführte Beispiel. Der üppigen Wirkung halber ist das Cypressenkraut ein paar Zentimeter höher getrimmt als der Buchs.

Rechts: Hier erstreckt sich der Blick über das Parterre zur Villa und der Freitreppe, einem wesentlichen Bestandteil des Terrassengartens.

griff der *villeggiatura* als schattiger Zuflucht auf dem Lande zu passen scheint. Doch diese ausgedehnten Parterres bildeten ein Gegengewicht zur Masse des Gebäudes, und solch eine Symmetrie hielt man für unerläßlich für eine richtig proportionierte Anlage.

Je weiter die Gartenräume vom Haus entfernt lagen, desto grüner, schattiger und abgeschlossener wurden sie. Die kleineren Terrassen dienten gewöhnlich als »Speisezimmer«. Diese Bereiche umschlossen gewöhnlich einen Springbrunnen, einen Tisch und schattige Bäume, deren Laubwerk als Blätterdach diente. Bei der Villa Lante, einem besonders schönen Exemplar des frühen Renaissance-Gartens, gehört zu der Eßterrasse ein Steintisch mit einer eingemeißelten Rinne, die Wasser an die Fingerspitzen der Essenden führte und als einladendes Fleckchen für die Kühlung des Weins konzipiert war.

Der Einfluß des klassischen Rom zeigt sich deutlich in einem anderen Wesenszug des Renaissance-Gartens: dem Freiluft-Theater. Zu den prächtigsten gehörte eine von Terrassenmauern umgebene Bühne, mit Säulen und Nischen verziert, die marmorne Helden und Heldinnen der klassischen Mythologie einnahmen. Einfachere Theater bestanden vornehmlich aus Pflanzen, wobei gestaffelte Eibenblöcke gerade weit genug auseinander standen, um die Schauspieler aus den Kulissen auf- und abtreten zu lassen. Oft standen Statuen in schattigen Rücksprüngen oder Laibungen, die in die Umfassungshekken geschnitten waren.

Irgendwo im Garten versteckt lag der *giardino secreto*, ein ummauerter Freiluft-Raum, der unter oder neben den Hauptterrassen lag. (Er war abgetrennt, aber nicht unbedingt geheim, obwohl der Begriff oft so übersetzt wird.) Für

Einer der vier Dachgärten des Rockefeller Center in New York an der Fifth Avenue.

Vorhergehende Doppelseite: Der italienische Dachgarten des Rockefeller Center in New York ist ein gutes Beispiel für einen importierten Stil. Interessanterweise steht das Gebäude auf dem früheren Grundstück der Elgin Botanical Gardens. Paul Manship entwarf die Skulpturen und auch den berühmten bronzenen Prometheus am Eingang.

Adlige und päpstliche Gesandte, deren Gärten öffentliche Anlagen darstellten, bot der *giardino secreto* einen privaten Ort, der Zurückgezogenheit und Würde sicherte. Hier konnte man auch gartenbaulichen und künstlerischen Einfällen nachgeben, zum Beispiel der Anpflanzung eines üppigen Blumen- oder Kräutersortiments oder von verspielt gestutzten Büschen und Bäumen. Innerhalb der Mauern des *giardino secreto* waren die Anlagen so verschieden wie die Hausherren: Der der Villa Medici war ein einfaches Parterre mit getrimmtem Buchsbaum, einem zentralen Brunnen, Bäumen als Schattenspendern und mehreren Steinbänken; diejenige der Villa Farnese war und ist immer noch eine Grasterrasse mit einer schönen Aussicht, unterbrochen durch dunkle Zypressensäulen und große Steinkaryatiden, die in gespenstischem Schweigen Wache stehen.

Parterre, Eßraum, Theater und *giardino secreto* — all diese Gartenräume waren durch ein Umfassungselement begrenzt. Abseits des Hauses säumten Eiben-, Liguster- oder Lorbeerhecken die grünen Räume; in den entfernteren Ausläufern des Gartens definierten schattige Haine aus Kastanien, Platanen und Eichen, deren Laubwerk Schutz von oben bot, ungezwungenere Räumlichkeiten. Steinmauern strukturierten fast alle Gartenräume — entweder als freistehende Elemente oder als massive Stützmauern, die die Böschungen hielten. Loggias, säulengestützte Pergolen und offene Balustraden führten das Mauerwerk in die Landschaft und verlängerten die Linien und Proportionen des Hauses bis hinaus in die architektonisch anspruchsvollsten Freilufträume.

Gegen Ende des 15. Jahrhunderts fanden Steinmetze und Gartenarchitekten Gefallen an Halbkreisformen als Rundmauern und bogenförmigen Treppen. Kreise und Halbkugeln gehörten zum Vokabular der klassischen Architektur — am bekanntesten in den antiken Kolosseen, im Tempel zu Delphi und der Arkade, die den Canopus der Villa Hadrian umgibt —, und die Menschen der Renaissance schätzten sowohl ihren historischen wie auch ihren gestalterischen Wert. Um die geraden Linien der Achsen und Mauern aufzulockern, machten die Gartenplaner ausführlichen Gebrauch von Halbkreisen und -kugeln, und nicht zuletzt infolgedessen waren ihre Räume einladend und außergewöhnlich ansprechend.

Außer als Umfassung des Freiluftraums diente Stein auch zur »Möblierung«, meist in Verbindung mit Wasser. Kaskaden ließ man über Mauern stürzen und sich unter den wachen Augen einer Neptunstatue oder einer gigantischen Seeschlange in weite Becken ergießen. Steintreppen überquerten die Terrassen, und Springbrunnen verzierten ihre Absätze. In einigen Gärten gab es Grotten — angenehm kühle Zuflüchte, die oft die Quelle des Wassers im Garten markierten; andere beinhalteten schattige Höhlen, die sogenannten Nymphäen, von denen man glaubte, sie seien die Lieblingsplätze der Nymphen und der guten Gartengeister.

Um an die Rolle des Menschen in der Natur zu erinnern, standen in vielen italienischen Gärten an prominenter Stelle Statuen. Steinerne Dichter und Musen boten — oft in Lebensgröße — Inspiration, insbesondere, wo sie neben der Bühne eines Freiluft-Theaters standen; an anderen Orten beehrten verschiedene Gottheiten, mythologische Wesen und historische Gestalten Plätzchen und Pfade. Die Skulpturen dienten auch als Blickfang und

Folgende Doppelseite: Der Canopus der Villa Hadrian bei Tivoli wurde von dem Kaiser zur Erinnerung an seinen Aufenthalt in Ägypten errichtet. Canopus war eine alte Stadt an einem Nebenfluß des Nils. Gärten werden oft gebaut, um andere Epochen und Orte heraufzubeschwören.

Übernächste Doppelseite: Der Garten der Villa Lante ist das Juwel der italienischen Renaissancegärten. Seine Anlage ist von einer zentralen Wasserachse bestimmt, die zum quadratischen Brunnen in der Mitte der untersten Terrasse hinabführt.

Der Terrassengarten der Villa Rufulo in Ravello bei Amalfi, einem Palast mit arabischen und normannischen Einschlägen aus dem 11. Jahrhundert, überblickt das Umland. Berühmt wurde der Garten zuletzt durch Richard Wagner, der angeblich hier die Inspiration für den Zaubergarten von Klingsor im Parsifal *gehabt hat.*

Vorhergehende Doppelseite: Viele Leute halten Dumbarton Oaks in Washington, D.C., für den schönsten und vornehmsten Garten der USA. Vom italienischen Stil stark beeinflußt, besteht er aus einer Abfolge von phantasievoll in einem Hügel eingepaßten Terrassen. Überall finden sich hier erlesene Steinmetzarbeiten, Stufen, Treppen, Balustraden, Urnen, Kreuzblumen, Tore und Gartenbänke, die alle einzeln gestaltet wurden.

Rechts: Der Garten der Villa Rufulo verbindet Palmen mit Teppichbeeten. Als pflegeintensiver Garten erfordert er einen Hauptgärtner und mehrere Hilfskräfte.

ließen die Außenräume ausgewogen und strukturiert wirken.

Götter und Göttinnen nahmen Nischen ein oder wechselten sich im Portikus mit Säulen ab; Kreuzblumen, Urnen, Vögel und Phantasietiere verzierten Steinbalustraden. Wo Steinmauern getrimmten Hecken wichen, markierten freistehende Statuen, sogenannte Termen, die Enden der dunkelgrünen Korridore und gaben der Gartenansicht einen freundlichen und ausgesprochen kultivierten Abschluß.

Ohne Wasser galt der Renaissance-Garten nicht als fertig eingerichtet. Da die italienischen Hügel von Quellen übersät waren, gab es reichlich Vorrat; und in Anbetracht der steilen Hänge war das Potential für Wasserkünste praktisch unbegrenzt. Eines der einfachsten Details kommt bei der Villa Marlia zur Anwendung: Ein einziger Strahl steigt aus einem runden Teich auf, der den Punkt markiert, wo sich zwei Wege kreuzen. Ein komplizierter Springbrunnen wurde bei der Villa d'Este angelegt — mit Hunderten winziger, glitzernder Sprühregen, die von einer niedrigen, moosbedeckten Mauer herabsprudeln. Das Wasser verschönert diese Gärten ebenso, wie die Farbe einen gut komponierten Blumengarten bereichert: Ohne es wären die Parterres und Boskette lieblich, aber leblos. Während das Wasser über Terrassen läuft, sich auf einer Ebene zum reißenden Strom vereint und auf der nächsten in niedliche Rinnsale verteilt, ist sein Plätschern ebenso anmutig und kühl wie seine Bewegung; und beide sind sorgfältig orchestriert, um die Gesamtanlage zu ergänzen.

Wasser diente aber nicht nur als Ornament, sondern auch, um den Wechsel der Ebenen zu betonen, um die Punkte zu markieren, wo sich Wege kreuzten, und um beim Abwärtsfließen eine natürliche

Eine Frauenstatue schmückt den runden Freilufttempel im Bosco *der Villa Rizzardi im Valpolicella.*

Vor diesem großformatigen Mosaik in einer Nische unter der Haupterrasse des Gartens am Castello Balduino wird Gartengerät gelagert.

Vorhergehende Doppelseite: Diese kunstvolle Barockterrasse mit ihren Formschnitt-Eiben am Castello Balduino in Montalto di Pavia wurde trotzig auf ein schwieriges Gelände gesetzt – den Gipfel eines Hügels. Zwei Zypressen umrahmen den Blick ins Tal.

Rechts: Die tiefste Terrasse der Villa Garzoni in Collodi, eines Gartens von 1650, spiegelt gleichermaßen Einflüsse der Renaissance wie des Barock wider. Man fragt sich, ob die phantastischen Eibenhecken den Schriftsteller Carlo Collodi dazu inspiriert haben, in der Küche der Villa mit der Niederschrift seines Pinocchio *zu beginnen.*

Achse zu schaffen. In der Villa Lante zum Beispiel ist das Wasser die Hauptachse: Ein Bach, gespeist von einer natürlichen Quelle, beginnt am oberen Ende des Grundstücks und durchschneidet die Mitte des Gartens, wobei er um so stärker gezügelt wird, je weiter er nach unten kommt. Das Wasser gurgelt über einen *cordonate* in Gestalt einer Garnele (ein Wortspiel mit dem Namen des Stifters, Kardinal Gambala), schießt über ein paar müßig zurückgelehnte Flußgottheiten, wird in eine Rinne auf einem Steintisch gehoben und kommt schließlich in vier Teichen zu Füßen eines Paares von Lusthäuschen zur Ruhe. Konzept und Bewuchs unterstützen den Übergang vom ungezähmten Garten zu den strukturierteren, architektonischen Räumen darunter. Der Entwurf ist bemerkenswert simpel, und vielleicht ist das der Grund, daß er die letzten vier Jahrhunderte in Anmut überdauert hat. Tatsächlich altern die meisten italienischen Gärten relativ unbeschadet, weil ihr ordentliches Konzept, die reichlichen Steinarbeiten und der unkomplizierte Bewuchs sich selbst angesichts längerer Vernachlässigung behaupten.

Was die Wasserkünste angeht, ist der spektakulärste italienische Garten die Villa d'Este bei Rom mit ihrem überwältigenden *jet d'eau*, der »Fontäne der hundert Lichter«, einer Wasserorgel und einem Sperrfeuer von Tricks. Wasser-Spiele sorgten im 15. Jahrhundert für erhebliches Amüsement, und obwohl sie in modernen Gärten nicht gerade üblich sind, garantiert ein überraschender Guß aus dem Gartenschlauch immer noch Schreie des Entzückens. Solche Scherze sind nicht gerade reputierlich und haben auch einen frivolen, gelegentlich unanständigen Touch, der in der Renaissance ebenso die

Die Bühne dieses grünen Theaters der Villa Marlia bei Lucca ist passenderweise mit Figuren der commedia dell'arte *dekoriert — Arlecchino, Pulcinella und Colombina. Im 17. Jahrhundert für die Familie Orsetti angelegt, ist der Garten in viele Gartenräume unterteilt.*

Rechts oben: 1796 entwarf Luigi Trezza das Theater der Villa Rizzardi im Valpolicella. Die Ränge sind mit gestutztem Buchs gepolstert, und die Promenade oben ist von Hecken, Nischen und Statuen umringt. Graf Rizzardi hält den Garten ausgezeichnet instand, und das Theater dient immer noch zu Aufführungen.

Rechts unten: Hinter der Villa Aldobrandini liegt ein halbkreisförmiges Nymphaeum oder Wassertheater. Die Hecke über den kunstvollen Steinmauern dient als architektonische Erweiterung der Mauer und umschließt die berühmte Wassertreppe. In der Nische darunter befindet sich als letztes Auffangbecken für den Wasserfall ein Brunnen mit einer Statue des Atlas.

Sittsamkeit wie das Dekorum seiner Opfer untergraben haben muß. Aber nicht alle Künste gaben dem Arglosen eine Dusche. In einem Springbrunnen in Aldobrandini zum Beispiel gab es eine Fontäne, die einen feinen Nebel versprühen konnte, dann glitzernde Sterne verströmte, einen Hagelguß niedergehen ließ und in einem überwältigenden Feuerwerk aus Wasser gipfelte. Die Wasserorgel der Villa d'Este hatte ein ebenso eindrucksvolles Spektrum, konzentrierte sich aber mehr auf das Ohr denn auf das Auge: Zwischen den gewöhnlichen Orgelstückchen rasselte und zirpte sie und ließ Kanonendonner erklingen.

Offenbar war das Vergnügen eine ernsthafte Beschäftigung für die Handwerker der Renaissance. Obwohl nicht all ihre Werke überdauert haben, sind einige Gartenräume, die sie geschaffen haben, bemerkenswert gut erhalten. Mittlerweile ein bißchen schäbig und ein wenig ins Kraut geschossen, ist ihr Skelett doch intakt, und die sorgsam bemessenen und menschlich proportionierten Räume innerhalb ihrer Hecken und Mauern inspirieren immer noch Gartenkünstler und -bewunderer. Vor kurzem hat der italienische Garten eine Art zweite Renaissance erlebt — nicht in Form einer imitierenden Wiederbelebung, sondern als adaptierende Wiederverwendung. In den 50er Jahren machte der Landschaftsarchitekt Thomas Church Freiluft-Wohnräume zu einem unabdingbaren Wesenszug des kalifornischen Lebensstils; in jüngerer Zeit haben sich viele Architekten der Postmoderne bei ihren Entwürfen für Wohngebäude der grünen, von Italien inspirierten Räume bedient. Der Reiz des Gartenraums bindet sich jedoch nicht an eine bestimmte Lage oder einen Stil — denn überall bemühen sich die Designer des 20. Jahrhunderts um effiziente, belebbare Räume, die die besten Eigenschaften von drinnen und draußen in Einklang bringen.

SEDIS · APOST · FERRARI
LEVANDAM

VII
Der französische Stil

Eine Hundestatue steht im Park von Courances. Als einer der schönsten klassischen französischen Gärten leitet Courances seinen Namen von den vielen Quellen ab, die seine Kanäle, Teiche, Gräben und Kaskaden mit funkelnd klarem Wasser füllen.

Vorhergehende Seite: Das Nordparterre zu Versailles erfordert — wie die anderen französischen Gärten im großen Stil — Muskelkraft als Hauptbestandteil. Stundenlang dauert die Gartenpflege, das Stutzen, Trimmen, Mähen und Rechen.

Rechts: Der gerade Wuchs der Pappeln, die einen Kanal von Courances säumen, wird durch eine niedrige Hecke betont. Alle französischen Gärten enthalten eine Kombination von Wasser, Bäumen, Stein und Gras.

Folgende Seite: Stille Wasser umgeben La Foulerie, ein Gebäude, das früher zur Flachsbearbeitung im Parc de Courances benutzt wurde.

Übernächste Seite: Die Hauptachse, vom Château de Courances aus gesehen, führt das Auge über ein verziertes Parterre zu einem rechteckigen Bassin, das in den Rasen eingebettet ist. Die Grenzen seines Grüns sind durch Kastanienbäume und Statuen definiert.

Die klassischen französischen Gärten des 17. Jahrhunderts wurden mit Arroganz und ganzen Armeen gebaut. In Vaux-le-Vicomte wurden drei Dörfer geschleift, um genug Platz für das geplante Schloß und seinen Garten zu schaffen, und beim Bau wurden 18 000 Mann eingesetzt. In Versailles verwandelte man sumpfiges Marschenland in einen Garten, der eines Königs würdig war — eine herkulische Arbeit, die die Hilfe von 6 000 Pferden und über 22 000 Mann erforderte. Sümpfe wurden trockengelegt, Terrassen angelegt und Kanäle ausgehoben — einer davon, der Piece d'Eau des Suisses, wurde von Soldaten der Schweizer Garde gebaut. In Marly, wo Louis sich einen intimeren Landsitz bauen ließ, wurden die umliegenden Hügel umgestaltet; ganze Wälder wurden mit ausgewachsenen Bäumen angepflanzt und von neuem angepflanzt, als fast die Hälfte davon einging; und da der König ein besonderer Liebhaber von Brunnen war, errichtete man gigantische Wasserspiele mit dreizehn Wasserrädern.

Die immense Größenordnung und die technisch bearbeitete Landschaft bringen den Wunsch und die Fähigkeit der Franzosen des 17. Jahrhunderts, die Natur zu beherrschen, am besten zum Ausdruck. Jeder Garten hatte einen präzisen, geometrischen Grundriß aus Terrassen, Teichen und Wegen, die sich um eine Mittelachse ordneten. Das Konzept war monumental: Statische Kompositionen in starren Formen und festen Materialien, die den gewünschten Eindruck von Dauerhaftigkeit und Stabilität hervortreten ließen. Der größte Teil der Anlage war mit einem einzigen Blick zu erfassen, — ausdrücklich dazu gedacht, bei allen Betrachtern Ehrfurcht zu erwecken. Der Blick entlang der Mit-

telachse erstreckte sich weit in die Ferne, um gleichsam anzudeuten, daß die Macht des Grundherrn unendlich weit reiche. Im Garten selbst betonten Wasserflächen, elegante, dünne Fontänen und beschnittene Bäume die Tatsache, daß die Natur von Menschenhand gezähmt worden war.

Das 17. Jahrhundert war das Zeitalter der Vernunft, und sein beherrschender Geist war Descartes, der Philosoph und Mathematiker, der die Wissenschaft der analytischen Geometrie ins Leben gerufen hat. Descartes' Konfiguration von Achsen und Geraden ließ sich mühelos auf die Landschaft übertragen und spiegelte auch das höfische Leben wider, in dem der König die zentrale Koordinate darstellte, um die sich die gesamte Gesellschaft drehte. Die Anlage von Versailles erfüllte dieses Konzept mit Leben: In der Mitte des Schlosses befindet sich die *chambre du roi*, und Diener und Höflinge waren, je nach Rang, in den angrenzenden Räumen untergebracht. Die Hauptachse des Gartens setzt sich ins königliche Schlafgemach fort, womit dafür gesorgt war, daß die vollkommenste Ansicht seinen königlichen Augen vorbehalten blieb. Die Vorstellung, daß ein ganzer Garten von einhundert Hektar von einem einzigen Punkt ausgehen solle, ist ein Inbegriff sowohl für das Selbstbewußtsein Louis' XIV. wie auch für den vorherrschenden französischen Stil. Unter der perfekt beherrschten Geometrie lag die Überzeugung, daß Natur nur schön ist, wenn Menschenhand sie geordnet hat. Die Menschen im allgemeinen und die französischen Kunstmäzene des 17. Jahrhunderts im besonderen waren offenbar der Ansicht, daß sie das Herz aller Dinge waren, die man für zivilisiert hielt.

Louis XIV. empfahl in seinem Führer durch den Garten von Versailles insbesondere den Blick von der Fontäne des Apollo über das tapis vert *zum Schloß.*

Links: Der runde Teich liegt in einer der abgeschiedeneren Bereiche von Versailles, der Grünen Halle beim Trianon.

Folgende Doppelseite: Eine allée d'eau *spiegelt die anmutigen, freiwachsenden Bäume (Birke, Eiche, Esche und Linde), die Courances zu einem wirklich bewundernswerten Ort machen. Der Park wird von seinen derzeitigen Besitzern, dem Marquis und der Marquise de Ganay, vorzüglich instandgehalten.*

Macht, Herrschaft und Symmetrie gehen vom Château de Vaux-le-Vicomte aus, dem ersten Erfolg von André Le Nôtre. Es kann durchaus der Blick von der Terrasse über die Grotte gewesen sein, der Louis XIV. dazu angeregt haben mag, den Besitzer des Schlosses, Fouquet, 1661 in den Kerker zu werfen und mit den Plänen für einen Garten und einen Palast zu Versailles zu beginnen.

Ein Blick im Parc de Sceaux erstreckt sich über eine strenge Kaskade senkrecht zur Hauptachse. Die weite Perspektive ist typisch für den Architekten Le Nôtre, der gewöhnlich dafür sorgte, daß sich entlang der Haupt- und der Querachse die großartigsten Blicke ergaben, aber auch für in den Wäldern verborgene Lichtungen und Boskette.

Das Château de Beloeil in Belgien liegt inmitten eines Parks aus dem 18. Jahrhundert, der im großen Stil von Le Nôtre angelegt ist. Kilometerlange, sechs Meter hohe Hainbuchen-Hecken unterteilen den Park in gewaltige grüne Räume und Korridore.

Die leidenschaftliche Anwendung von Ordnung und Logik durchdrang im 17. Jahrhundert auch andere Aspekte des Lebens — vor allem die komplizierte Etikette, die zu den verschiedenen Hierarchien der höfischen Gesellschaft gehörte. Der Tagesablauf in Versailles und den benachbarten Schlössern war eine ausgeklügelte Choreographie, welche die Bedeutung der Monarchie unterstrich. Louis XIV. nahm dabei die Bühnenmitte ein, und selbst seine intimsten Verrichtungen, vom Aufwachen und Essen bis zu einer Runde Karten oder einem Gartenspaziergang wurden zu öffentlichen Veranstaltungen umfunktioniert. Es entwickelte sich ein strenger Benehmenskodex, der solche Sitten wie das Lüpfen des Hutes und den Hofknicks vorschrieb. An der Speisetafel wurden Gabeln eingeführt, und der Tanz des Jahrhunderts, das Menuett, erforderte sowohl Strenge wie auch Eleganz.

Geometrie und Logik waren auch für die Förmlichkeit des französischen Gartens verantwortlich. Methodisch arbeitete man auf dem Papier abstrakte Pläne aus, bevor man sie in eine Landschaft umsetzte, und man zwang die Natur, sich diesem Konzept anzupassen: Hügel wurden umgestaltet oder abgetragen, um ebenen Parterres zu weichen, Wasser wurde in geometrischen Teichen festgehalten. Bäume wurden in geraden Linien gesetzt, der Rasen wurde auf scharfkantige Rechtecke beschränkt. Büsche und Bäume wurden so unerbittlich gestutzt, daß sie danach eher architektonisch denn natürlich aussahen. Es war dies eine Epoche, die dem unverbrämten Ausdruck der Macht verschrieben war, und nirgendwo zeigte sich dieser Zeitgeist stärker als im Garten. Offensichtliche und betonte Künstlichkeit war die Mode: Je virtuoser die

Anlage und je eleganter die Verzierungen, umso mehr Prestige kam dem Schloßherrn zu.

Der Mann, der die Macht und Politik des 17. Jahrhunderts in Parterres übersetzte, war André Le Nôtre, ein ausgebildeter Gärtner oder *jardiniste*, dessen Bescheidenheit und exquisiter Geschmack die Exzesse des Sonnenkönigs mäßigten. Le Nôtre stammte aus einer Gärtner-Familie: Sein Vater war königlicher Gärtner in den Tuilerien gewesen (diesen Posten hatte sein Sohn geerbt), sein Großvater war Gärtner gewesen und seine beiden Schwestern hatten Gärtner geheiratet. Er war ein demütiger Mann — das Wappen, das er für sich selbst entworfen hatte, zeigte einen Spaten, umgeben von Schnecken und gekrönt von Kohlblättern. Wie alle gebildeten Franzosen im 17. Jahrhundert hatte Le Nôtre Italien bereist und Kunst studiert. Vor allem hatte er die ausgeprägte Fähigkeit, die Wünsche seiner königlichen Klientel zu erkennen: Er verstand, daß es die gewaltigen Dimensionen, die scheinbar unendlich weiten Ausblicke und die ehrfurchtsgebietenden Anlagen waren, wonach die Zeit verlangte.

Le Nôtres wahres Genie lag in seiner Zurückhaltung. Statt sich in Pracht zu suhlen, wie es oft der Fall ist, wenn Macht und Reichtum sich vermählen, entwickelte er einen eleganten, raffinierten Stil — eine Leistung, die um so eindrucksvoller ist angesichts des extrem übertriebenen Maßstabs, in dem er arbeitete. Vaux-le-Vicomte, sein erster bedeutender Auftrag als Landschaftsgestalter, erwies sich als ausgezeichneter Anfang: Das Schloß erhebt sich aus einem umlaufenden Graben und erlaubt einen umfassenden Blick über die Parterres, mit Rasen, rotem Kies, niedrigen, immergrünen Hecken und elegant ausgearbeiteten Teichen. Die An-

Oben: Im ornamentalen Parterre beim Château de Villandry liegen die symbolischen jardins d'amour. *Die »gebrochenen Herzen« der leidenschaftlichen Liebe sind in Buchsbaum ausgeführt und mit Blumen der Jahreszeit gefüllt.*

Unten: Unter einer Lindenallee und einer klassischen Freitreppe liegt das Malteserkreuz-Parterre des Château de Villandry.

Diese Eibe am Château de Rambouillet hat man rücksichtslos zu einem angespitzten Würfel gestutzt.

Rechts: Die Franzosen verwendeten Buchs ausschließlich für ihre Parterres. Dieses immergrüne Gesträuch hat viele Vorzüge: Man kann es in Form schneiden, es wächst sehr langsam, und es lebt sehr lange. Hinter dem detaillierten Parterre de broderie *bei Vaux-le-Vicomte befindet sich eine Grotte mit Arkaden und einem Abhang, auf dem eine Herkules-Statue postiert ist.*

Folgende Doppelseite: Diese Allee aus kegelförmigen Eiben bildet ein attraktives Element des Parc de Sceaux. Nach dem Tod Louis' XIV. verfiel der Park und wurde erst Ende der 30er Jahre restauriert. Russell Page zufolge stehen Restaurierungen normalerweise unter dem Einfluß des derzeitig herrschenden Stils.

lage ist offen und geordnet — eine einheitliche Komposition mit einem breiten Weg in der Mitte. Die Parterres neigen sich sehr langsam und sind getrennt durch eine Reihe flacher Stufen, die von oben kaum zu erkennen sind. Die Steinkonstruktionen beschränken sich auf ein Minimum, da Le Nôtre es vorzog, seine Gärten mit Pflanzen zu strukturieren und zu verschönern. Kegelförmige Eiben dienen als skulptureller Kontrapunkt zu den extrem flachen Parterres; Reihen beschnittener Bäume säumen die Grenzen des Gartens. In den umliegenden Bosketts rodete Le Nôtre kleine Freilufträume, die willkommene Zuflucht vor der Hitze, dem Glast und der weiten Ausdehnung der Parterres boten.

Vaux-le-Vicomte wurde für Nicolas Fouquet gebaut, den Finanzminister von Louis XIV. — einen reichen und kunstbeflissenen Mann von mehr Geschmack als Vernunft. Als der dreiundzwanzigjährige König das Schloß zum ersten Mal besuchte, machte dessen Pracht ihn rasend eifersüchtig. Binnen dreier Wochen hatte Louis XIV. Fouquets Verhaftung befohlen, mit dem Argument, sein Minister habe sich wohl an den königlichen Truhen bedient, um solch eine herrliche Residenz zu bezahlen. Von dieser Zeit an verlief Fouquets Leben recht ereignislos, da er den größten Teil davon im Gefängnis verbrachte; aber sein Garten setzte die Norm für den französischen Stil. Kaum hatte der König Vaux-le-Vicomte gesehen, wußte er, was er wollte: etwas noch Prunkvolleres. Er lud Le Nôtre ein, ihm bei der Anlage eines Gartens um ein kleines Château zu helfen, das seines Vaters altes Jagdschlößchen zu Versailles gewesen war.

So war der Garten in Versailles vom Moment seiner Zeugung an Ausdruck des Größenwahns von

Louis XIV. Der König nahm leidenschaftliches Interesse an seinem Fortgang. Das Schloß sollte die Bühne sein, auf der sein Leben spielte, und er wollte aktiv Anteil nehmen an ihrem Bau. Er leitete die fortwährenden Veränderungen und Neuerungen, die in den nächsten fünfzig Jahren ausgeführt wurden. Urnen, Vasen und Figuren mußten ihm zunächst als Gipsabguß zur Genehmigung präsentiert werden, bevor sie in Marmor ausgeführt wurden; und bei einem der Hauptparterres bestand er auf drei Neufassungen. Als die Anlage fertig war, schrieb der König einen Führer mit expliziten Anweisungen, wie man sich durch den Garten zu bewegen hatte, und der genau vorschrieb, wohin man gehen und in welche Richtung man unterwegs zu blicken hatte.

Der Garten von Versailles ist um eine Mittelachse angelegt, die sich erstreckt, soweit das Auge reicht. Um den Eindruck der unendlichen Macht des Königs zu betonen, wurde diese Achse am Horizont nicht unterbrochen — bis auf eine kurze Zeit im Jahr, in der die sinkende Sonne zum strahlenden Schlußpunkt wurde. Der Maßstab von Versailles ist immens: Die Querachse — der große Kanal — ist über einen Kilometer lang. Eine der im Wald versteckten Verzierungen ist das Grand Trianon, ein eigenständiger Palast inmitten eines prachtvoll bunten Blumengartens, in den Louis XIV. mit seinen Lieblingsgefährten und -kurtisanen entweichen konnte.

Wie Louis XIV. und Le Nôtre durchaus wußten, beginnt das Monumentale bei der eindrucksvollen Größe, und diese wiederum ist eine Funktion der ausgedehnten Freiflächen. Daher wurde der Garten zu Versailles als Folge ebener, freier Terrassen konzipiert, den sogenannten Parterres — ein Wort,

Sprudelnde Fontänen sind ein entzückendes Schauspiel von Vaux-le-Vicomte.

Links: Skulpturen haben die Franzosen von jeher als Zier des Gartens geschätzt. Jean Baptiste Carpeaux' Mittelstück für einen Brunnen im Jardin de Luxembourg stellt die vier Kontinente dar, die die Himmelskugel tragen. Das Kunstwerk wurde 1874 aufgestellt.

Zwischen beschnittenen Kastanienbäumen hindurch fällt der Blick auf dieses Parterre in den Gärten des Grand Trianon. Während der Herrschaft Louis' XIV. standen in den beiden Hauptparterres 150 000 Blumentöpfe. Sie wurden oft ausgewechselt, da der Sonnenkönig die Deus ex machina-*Effekte liebte.*

das von dem Ausdruck *broderie par terre* oder »Stickerei am Boden« abgeleitet ist. Die besten französischen Parterres glichen exquisiten Spitzendecken, deren Bewuchs die Glanzlichter in die erdigen Beete setzte. Kies oder Ziegelstaub sorgten für Farbe, desgleichen die Blumen, die in Töpfen im ganzen Garten verteilt waren. Ein Hauptkorridor verband die verschiedenen Parterres und erstreckte sich zwischen Reihen dicht gesetzter Bäume. Alleen durchzogen die Bosketts oder Gehölze darunter und waren von *ronds points* strukturiert — Lichtungen, die den Hofdamen dazu dienten, dort ihr Picknick einzunehmen, wo sie ihre Galane vorbeireiten sehen konnten. Im 17. Jahrhundert beherbergten die *ronds points* Grotten, Bühnen, Vogelhauser und Wasserspiele, die im 15. Jahrhundert in Italien erfunden worden waren. Solche Frivolitäten hielt man für einen Wesenszug des französischen Gartens; und sie boten — in den Bosketts verborgen — eine gefällige Veränderung von Dimension und Szenerie, ohne den formalen Grundriß zu verwässern. Die Bosketts waren besonders reizvoll, weil sie eine verlockende Zuflucht vor dem Hauptgarten offerierten und Abgeschiedenheit, Überraschung und Intimität in einer ansonsten offenen Landschaft versprachen.

Pflanzen betrachtete man im französischen Garten als Teil der Architektur, weil sie nur als beständige Elemente die Themen der Monumentalität und Herrschaft unterstützten. Nur wenige Spezies entgingen der Gärtnerschere: Roßkastanien, Hainbuchen, Linden, Platanen, Akazien, sogar Ahorn und Eiche erhielten geometrische Formen und wurden wie Soldaten aufgereiht, um Gartenräume zu umschließen und zu bereichern. Entlang der Mittelachse waren die Bäume so hoch beschnitten, wie die höchsten Leitern reichten, und darüber ließ man sie frei wachsen — eine Technik, die man Stutzen *en rivière* nannte, und die mit ihren laubigen Bordüren die architektonische Illusion verstärkte. An anderen Stellen formte man die Kronen zu Würfeln oder Kugeln, die wie Kinderlutscher auf geraden Stämmen saßen, oder man kappte Bäume und stellte knotige Knorren her, auf denen Büsche oder Grünzeug wuchsen. Allein die Pappeln paßten zum herrschenden Geschmack, ohne gestutzt zu werden, und waren daher die bevorzugten Gewächse an den Ufern der Kanäle.

Auf dem Boden waren die Grasflächen, die sich flach über die Terrassen spannten, so makellos gemäht, daß man sie *tapis verts* oder grüne Teppiche nannte. Kieswege umgaben den Rasen, deren Ränder oft von niedrigen, immergrünen Hecken oder Kegeln aus Buchsbaum oder Eibe markiert waren. Skulpturen säumten die Waldränder oder wechselten sich entlang der Grenze zwischen Gras und Kies mit Formsträuchern ab. Urnen standen auf Piedestalen, Vasen beherbergten exotische Blütenpflan-

zen, und in Marmor verewigte Götter, Göttinnen und mythologische Wesen verliehen dem Ganzen einen Hauch von Klassik.

Wasser in Form von Teichen, die von schäumenden Fontänen oder einstrahligen *jets d'eau* gekrönt waren, gehörten zu den hübschesten Ornamenten des Gartens und lokkerten die ausgedehnten Freiflächen mit kühler, melodiöser Bewegung auf. Das flache französische Terrain kam ausgeklügelten Wasserspielen nicht entgegen, aber der König und seine Höflinge liebten das Wasser und waren bereit, außergewöhnliche Wartezeiten und Kosten auf sich zu nehmen, um Brunnen zu schaffen, die der Größe ihrer immensen Terrassen angemessen waren. So konnten zum Beispiel nur umfangreiche Erdarbeiten eine ausreichende Wasserversorgung in Versailles sichern, aber da der königliche Appetit auf Wasser unersättlich war, ist der Garten voller Brunnen, obwohl der Wasservorrat und -druck nicht ausreichten, um alle Fontänen gleichzeitig zu betreiben. Aber bereits ihre stattliche Anzahl und die Größe des Gartens tragen dazu bei, diesem Nachteil entgegenzuwirken. Während der König von Fontäne zu Fontäne ambulierte, winkten Flaggenträger und eilten leichtfüßige Pagen durch die umliegenden Bosketts und gaben Anweisung, welche Wasserspiele ab- und welche rechtzeitig für den nächsten königlichen Anblick angeschaltet werden sollten. Das System war offenbar zufriedenstellend — Louis XIV. stellte sich Versailles als Wassergarten vor und nannte einen Gartenspaziergang »die Springbrunnen sehen«.

Die eigentlichen Ornamente des französischen Gartens waren die Menschen. Sie brachten Farbe und

Le Nôtre gestaltete auch die Landschaft des Parks von St. Cloud, der Residenz von Monsieur, dem Bruder Louis' XIV., der sich als Gastgeber einen Namen machte. Später wurde es die Lieblingsstätte Napoleons III. für offizielle Empfänge. Die Gärtner des 19. Jahrhunderts schätzten die Teppichbeete ebensosehr wie Louis XIV. die Blumenparterres. Links sieht man eine typische Le Nôtre-Perspektive. Rechts befindet sich ein ungewöhnliches Stück Teppichbeet: ein Band aus Ageratum, Buchs und Begonien, angepflanzt am Hang eines Hügels.

Oben: Am Château de Maintenon sind die Initialen des Sonnenkönigs in das tapis vert *geschnitten. Der Garten wurde von Le Nôtre entworfen.*

Links: Die verblüffenden Mauern des Palais du Sport Bercy in Paris sind mit grünem Rasen bedeckt — eine zeitgenössische Version des tapis vert.

Rechts: Vier Urnen kennzeichnen die Ecken eines klassischen tapis vert *bei St. Cloud.*

Folgende Doppelseite: Der Park des Château de Chantilly soll Le Nôtre die liebste seiner Schöpfungen gewesen sein. Er ist deswegen ungewöhnlich, weil die Hauptachse der T-förmigen Anlage nicht am Schloß beginnt, sondern an der Statue des Grand Condé über der Treppe links von dem Gebäude. Die spiegelgleichen Wasserflächen, die das Château umgeben, erzeugen eine sanftere Wirkung als der starr symmetrische Grundriß der anderen Anlagen Le Nôtres.

Bewegung in Landschaften, die in leerem Zustand von abweisender Pracht waren. Die Gärten selbst waren als Kulisse angelegt; die Mitglieder des Königshofes waren die Schauspieler, und die unaufhörliche Präsentation von Pomp und Eitelkeit sorgte für die Handlung. Zusätzlich zu den Höflingen trugen endlose Festivitäten zur Belebung des Gartens bei: In schattigen Freiluft-Theatern spielte man Stücke, auf den Kanälen fochten Miniaturschiffe Schlachten aus, und Musik und meisterhafte Feuerwerke erfüllten die Sommerabende.

Strenge Gartenanlagen sind ein vorzüglicher Ort für Angebereien, und das mag erklären, warum der französische Stil auch ohne Könige ein klassisches Mittel geblieben ist, mit Ruhm und Geschmack zu prunken. Die viktorianischen Gentlemen folgten der französischen Manier, indem sie weitläufige Treibhäuser bauten, um ihre Blumenparterres mit einem überwältigenden Muster zarter exotischer Einjahres-Blumen von brillanter Farbpracht zu füllen. Je größer die Beete waren und je öfter sie neu besetzt wurden, um so größer war ihre Wirkung — eine Tradition, die sich heute in Parks und Stadtgärten erhalten hat, wo leuchtende Blumenmassen den örtlichen Mäzenen Lobeshymnen singen.

Der französische Stil läßt sich auch auf intimere Räume übertragen. Russell Pages Garten im Frick Museum in New York ist mit seinen Rasenflächen, hübschen Kieswegen, niedrig gelegenen Teichen und Blumenkübeln von ausgesprochen französischer Manier. Aber um die Komposition nicht sofort überschaubar — und damit langweilig — werden zu lassen, hat Page das Schema abgeändert. Jeder der vier zentralen Bäume ist von einer anderen Art, und ihre einzelnen Standorte durchbrechen die starre,

Die vielen Alleen auf den Straßen und Boulevards von Paris sind deutlich als Werk des Menschen und nicht der Natur erkennbar.

Vorhergehende Doppelseite: Entlang des kilometerlangen Grand Canal zu Versailles erstreckt sich diese Lindenallee. Während der Herrschaft Louis' XIV. wurden in ganz Frankreich auf öffentlichen und Privatgrundstücken Alleen aus Platanen, Linden, Birken, Roßkastanien und zuweilen Eichen angelegt. Mit bewundernswerter Sorgfalt und Pflege werden sie für kommende Generationen erhalten und erneuert.

Rechts: Die Platanen entlang eines Kanals, der zum Château de Courances führt, hat man unbehelligt wachsen lassen. Das ist deswegen bemerkenswert, weil sie 1782 gepflanzt wurden, in einer Zeit, in der die Gärtner dachten, nichts dürfe unbeschnitten bleiben.

Folgende Doppelseite: Louis XV., ein Mann mit dem Hang zur Abgeschiedenheit, trat in ein Zeitalter mit mehr Privatsphäre ein. 1750 fügte er dem Park des Trianon den Französischen Pavillon hinzu, um auf dem Weg zum Botanischen Garten und der Menagerie, die er daneben hatte errichten lassen, verschnaufen zu können.

quadratische Geometrie des kleinen Raums. Sowohl der Teich wie seine einzige Fontäne liegen nicht zentral. Die Eleganz — so wesentlich für den französischen Stil — blieb erhalten, doch der Designer hat es geschafft, seine charakteristische Einförmigkeit zu vermeiden. Die unregelmäßigen Einsprengsel installieren eine gewisse Dynamik, die den großen französischen Gärten fremd war; aber in kleineren Gärten ist diese Energie lebenswichtig.

Weitere, berühmte zeitgenössische Interpretationen des klassischen französischen Stils wurden ausgerechnet von einigen amerikanischen Konzernen (in Purchase, New York, und Hershey, Pennsylvania,) ausgeführt. Sie haben Le Nôtres Ideen wiedererweckt, als sie Gartenarchitekten beauftragten, parkähnliche Gefilde zu Freude und Nutzen ihrer Belegschaft wie des interessierten Publikums zu schaffen. Die Gemeinsamkeiten liegen eher in der Methode als in der Form, denn diese Gärten sind nicht streng formal. Sie alle aber sind offensichtlich geplant, und ihr Zweck entspricht dem der prachtvollen Châteaux der Mäzene des 17. Jahrhunderts.

VIII

Der englische Garten

Im Uhrzeigersinn von links oben: Vier verschiedene Abteilungen bei Hidcote Manor in Gloucestershire. Ein Blick durch den Garten am Schwimmbassin. Der weiße Garten. Die elegante Lindenallee. Der Laubengarten wird durch seine getrimmten Hainbuchen geadelt.

Vorhergehende Seite: Anfang des 20. Jahrhunderts entwickelte sich der englische Garten als Abfolge kleiner Abteilungen, die den Wechsel der Jahreszeiten mit unterschiedlicher Pflanzen- und Blütenpracht feiern sollten. In diesem Garten in Sussex blüht als erstes eine Forsythienhecke.

Auf den ersten Blick wirkt der englische Garten mit seinem Überfluß an Blumen und dem ungezwungenen Bewuchs nicht formal. Bei näherer Betrachtung allerdings erweist sich, daß er dicht um ein Gerüst aus Mauern, Hecken, Beeten, Rabatten und gepflasterten Wegen strukturiert ist. Dies sind die »Knochen« des Gartens — und ob sie nun aus Stein gebaut oder aus Pflanzen geformt sind, schaffen sie seine Proportionen, seine Ordnung und seinen Zusammenhang. Wenn die Blumen und Sträucher üppig blühen und die Anpflanzung besonders sorgfältig bedacht ist, wird das Ergebnis ein echter englischer Garten sein — formal geplant, aber ungezwungen bepflanzt.

Die Frau, die man am häufigsten mit diesem Stil in Verbindung bringt, ist Gertrude Jekyll, eine vollendet edwardianische Frau: Sie war belesen, in ihrer Jugend viel gereist, und sie stand im Meinungsaustausch mit einigen führenden Künstlern und Intellektuellen ihrer Zeit. Zudem malte sie und war geschickt in den Handarbeiten, als Silberschmiedin und in der gerade entstehenden Kunst der Photographie. Am besten im Gedächtnis geblieben ist sie als Schriftstellerin und hervorragende Gärtnerin. Mit fünfzig Jahren widmete sie sich fast ausschließlich der schönen Kunst des Gartenbaus. Ihr Legat ist ein dreifaches: Sie verfaßte über ein Dutzend Bücher, in denen sie ihre Methoden des Gartenbaus beschreibt; sie konzipierte über 200 Gärten; und als begabte Autorin und fähige Übersetzerin erfaßte und formulierte sie die Trends der Gartenkultur ihrer Zeit. Während sie die Vorzüge der örtlichen Gebräuche und angestammten Handwerkstraditionen auslotete, war sie erheblich von der Ästhetik des Bauerngartens beeinflußt und inspiriert, von seinen ungezwungenen Pflanzenarrangements, seiner Üppigkeit und seinen robusten Pflanzen der jeweiligen Region. Gleichzeitig verstand sie durchaus, daß für einen guten Garten ein fester, architektonischer Plan als Grundstruktur nötig ist. In Übereinstimmung mit dem Zeitgeschmack vermischten ihre Gärten solch formale Elemente wie die Hauptachse, die weite Aussicht, den *giardino secreto* und das Parterre der italienischen, französischen, holländischen und Tudor-Gärten. Besonders hervorzuheben ist ihre Adaptierung einer Idee aus dem 16. und 17. Jahrhundert: die selbständigen Gartenbereiche, deren jeder eine besondere Behandlung und eine eigene Form erhielt.

Miss Jekyll war natürlich kein einzigartiges Genie. Sie arbeitete mit zwei ebenso einflußreichen Leuten zusammen: William Robinson, dem anerkannten Meister der ungezwungen angepflanzten englischen Wildblumen und der robusten Spezies, und Sir Edwin Lutyens, einem hervorragenden Architekten. Daß sie sich an strenge Grundrisse hielt, lag zu einem bestimmten Teil an ihrer Verbindung mit Lutyens, einem außergewöhnlich vielseitigen Designer, der sich in praktisch jedem Stil zu Hause fühlte und wie sie ein leidenschaftliches Interesse für das örtliche Material, die Handwerkstradition und den Dialekt der Gegend um Surrey hegte. Als sie einander kennenlernten, war sie fast sechzig, er erst sechsundzwanzig Jahre alt. Die ältere Dame und der aufstrebende Architekt wurden treue Freunde und arbeiten an über hundert Gärten zusammen, wobei sie einen einzigartigen Gartenstil schufen.

Lutyens entwarf komplizierte Systeme aus Terrassen, Mauern, Stufen, Teichmulden, Parterres, Gräben, Zisternen, Nischen und

Pergolen. Sie wurden mit Materialien der Region ausgeführt und höchst detailliert ausgearbeitet und bildeten einen perfekten Hintergrund für Miss Jekylls Anlagen; sie ließ Rosen und Jasmin über seine Pergolen ranken, Clematis und Buschwerk seine Mauern bedekken, steckte Steinbrechgewächse in die Mauerritzen und milderte die harten Linien der Steinbauten mit allen Arten von Pflanzen, die in der Lage waren, Kanten zu verhüllen.

Hestercombe in Cheddon Fitzpaine, Somerset, ist ein gutes Beispiel für die Zusammenarbeit von Miss Jekyll und Lutyens. Der Garten beginnt auf einem hohen Gelände neben dem Haus mit einer Terrasse, von der aus sich der Garten dem Auge erschließt. Lange, erhabene Wege säumen die Seiten des versenkten, symmetrischen Parterres. Eine Steinpergola im Süden schließt den Garten ab und erlaubt einen Blick auf das jenseitige Taunton-Tal. Am Fuß der oberen Terrasse bildet ein silbergrauer Rand einen blassen Vordergrund für zarte Lavendel- und Katzenminze-Sträucher; daneben steht eine Blumenmischung aus den blassesten Rosa- und Gelbtönen und mit vielen graublättrigen Gewächsen. Mit Grau und leuchtendem Blaugrün modulierte Pastellfarben sind typisch für Miss Jekylls Farbgestaltung, und ebenso die Kombination von wolkigen und hochaufragenden Pflanzenstrukturen. An der Ost- und der Westseite gibt es zwei kunstvoll angehobene Wege, maßgeschneidert für die Staudenrabatte, für die Miss Jekyll berühmt war. In beiden liegt ein Mittelkanal, eine im Gras verborgene Rinne, die mit Pflastersteinen eingefaßt ist und sich um kreisförmige Zisternen schlängelt, welche Miss Jekyll mit Iris, Aronstab und anderen wasserliebenden Pflanzen bevölkert hat. Das Parterre selbst ist

Ein Formstrauch-Eingang führt vom runden Schwimmbassin zu einem grünen Vorzimmer, das als Umkleidekabine dient.

Vorhergehende Doppelseite: Buchsbaum- und Eibenhekken umschließen den weißen Garten von Hidcote, während plumpe Tauben im holländischen Stil seine inneren Ecken markieren. Darin stehen Unmengen silberblättriger Pflanzen und pastellfarbener Blumen.

Links: Eine getrimmte Rotbuchenhecke gegenüber den chartreusegrünen Blüten der Alchemilla mollis *und dem Blaugrün der Gartenbänke schafft eine der vielen ungewöhnlichen Farbwirkungen im Garten von Hidcote.*

Folgende Doppelseite: Ein Beet am mittleren Gartenpfad bei Hidcote Manor ist mit den zartfarbenen Sommer- und Herbstblumen besetzt, die Gertrude Jekyll bevorzugte. Die Libanonzeder zur Rechten ist fast der einzige Bestandteil des Gartens, den Major Lawrence Johnston vorfand, als er 1905 begann, auf dem windigen Hügel in den Cotswolds seinen Garten anzulegen.

Oben und rechts:
Die Engländer verwenden den Formschnitt, um ein Element der Phantasie in ihre Gärten einzubringen, während die Franzosen und Italiener für den gleichen Zweck Steinmetzarbeiten und Statuen bevorzugen. In Great Dixter in Sussex finden sich gewaltige, humorvolle Formsträucher, die Nathaniel Lloyd entworfen hat. Ihre gewaltigen Dimensionen entsprechen dem Maßstab des Hauses, und ebenso die riesige Stauden- und Kräuterrabatte (rechts oben).

diagonal geteilt; hier hat Lutyens die gärtnerische Pracht inszeniert, indem er das schräg verlaufende Beet mit einem Steinband abgekantet hat, über das sich die Pflanzen ranken können. Im ganzen Garten mildern Pflanzen die Konturen der Steinbauten. Steinbaldrian und filziges Hornkraut kolonisieren die Ritzen zwischen den Stufen, und das Berufskraut quillt büschelweise aus den Fugen der Steinmauern.

Der Garten in Hestercombe wurde in den 70er Jahren von der Somerset Fire Brigade nach einer Kopie von Miss Jekylls Originalplan restauriert, den man im Gewächshaus an die Wand geheftet gefunden hatte. Heute ist er eines der wenigen Beispiele für die Partnerschaft von Miss Jekyll und Lutyens.

Das Grundschema für Gärten, das sich unter dem Einfluß von Miss Jekyll und Lutyens entwickelte, unterteilt den Garten in eine Reihe von »Abteilen«. Neben dem Haus beginnt der Garten als kleiner, formaler oder halbformaler Freiluft-Raum. Doch weiter weg vom Haus beginnen Ordnung und Architektur zu verblassen, während die Gartenszenerie immer grüner und wilder wird und neben Wiesen, Obstgärten und gut gepflegten Hainen auch Wasserläufe und Tümpel umfaßt. Der Übergang in die englische Landschaft ist unmerklich, weil die Landschaft jenseits der Gartentür eine kultivierte Domäne ist, deren ordentliche Äcker von Hecken gesäumt und deren Bäche von ineinander verflochtenen Reihen gestutzter Weiden markiert sind.

Mauern und Hecken dienen dem englischen Garten als Rückgrat: Sie umreißen die Räume, schützen die Pflanzen und bilden einen beständigen Hintergrund für die unstete Schau der Knospen und Blüten. Für die außergewöhnlichen

Hecken in Hidcote Manor in Gloucestershire gibt es keine Parallele. Major Lawrence Johnston, ein rätselhafter amerikanischer Junggeselle, der über vierzig Jahre mit der Planung und Pflanzung seines Gartens verbracht hat, wurde in Frankreich geboren. Hier entwikkelte er sein Interesse an Formschnitt-Hecken und verschränkten Alleen, das später im Achsenplan von Hidcote zum Ausdruck kam. Die Hecken waren nötig, um Johnstons gepriesene Pflanzen zu schützen, da der Garten hoch auf einem windigen Hügel in den nördlichen Cotswolds lag.

Die Anlage von Hidcote beruht auf einer T-förmigen Achse. Zahlreiche Blumenabteile sind um und zwischen die beiden rechtwinkligen Achsen gesetzt, deren eine der »Long Walk« heißt. Diese verläuft zwischen Blöcken beschnittener Hainbuchen allmählich bergab. Jedes einzelne Gartenabteil ist von Hecken aus Stechpalme, Buchsbaum, Eibe und Blutbuche umschlossen, manchmal sogar von Gobelin-Hecken aus verschiedenen Pflanzen und hie und da einer kletternden Kapuzinerkresse dazwischen. Der Säulengarten verdankt seinen Namen einer Umzäunung aus zweiundzwanzig hochaufragenden Englischen Eiben; der Pfahlgarten besteht aus einer Doppelallee aus Hainbuchen mit dikken, geraden Stämmen und geometrisch beschnittenen Kronen; eine Avenue aus miteinander verwobenen Linden bildet im Sommer einen schattigkühlen Bogengang. Der bemerkenswerteste Aspekt an Major Johnstons Hecken ist vielleicht ihr Hauptzweck: eine atemberaubende Pflanzensammlung zu umgeben. Die Vielfalt ist so groß, daß jede Fläche mit einem anderen Thema prunkt.

Im Grundgerüst ähnlich aufgebaut wie Hidcote ist Great Dixter in

Runde Stufen waren ein architektonisches Lieblingsdetail von Edwin Lutyens. In den Ritzen der Treppe, die von der Rotunde herabführt, hat sich Filziges Hornkraut oder Cerastium tomentosum *eingenistet.*

Links: Eine Kletterrose mildert die rauhen Kanten dieses Steinfensters in einer Mauer in Hestercombe.

Eine ungewöhnlich verwachsene Lindenallee findet sich bei Alderley Grange in Gloucestershire.

Rechts: Ein natürlich gewachsener Pyrus salicifolia »Pendula« *oder Trauerweiden-Birnbaum gedeiht bei der Alderley Grange.*

Sussex mit seinen massiven Eibenhecken und dramatischen Formbüschen und -bäumen. Auch diese Anlage ist in ein kompliziertes System abgetrennter, selbständiger Gärten unterteilt. Sowohl die Restaurierung des Herrenhauses aus dem 15. Jahrhundert wie auch die Gartenanlage plante Sir Edwin Lutyens für Nathaniel Lloyd, einen Architekturhistoriker, Formstrauch-Enthusiasten und Autor, dessen Buch über das Gestalten von Skulpturen mit Eibe und Buchsbaum ein Gartenklassiker ist. Lutyens führte solche Elemente ein wie einen Wassergarten, eine Pergola, einen Rosengarten und einen Innenhof, während Lloyd für die Formhecken verantwortlich war, die die Folge von kreisförmig ums Haus angelegten Gärten umgeben. (Der Garten ist seit Generationen im Familienbesitz und wird heute von Nathaniels Sohn Christopher Lloyd gepflegt, einem ebenso befähigten Gartenbauer.)

Der Schlüssel für den Eindruck von Üppigkeit und Überfluß, der die Quintessenz des englischen Gartens darstellt, ist die außergewöhnliche Vielfalt der Pflanzen — die blühenden Büsche, die Stauden, die Kräuter, die Einjährigen, die Zwiebelblumen, die Wildblumen und die Kriechgewächse. Im Mittelalter war das Pflanzenspektrum in Europa recht beschränkt. Doch mit der Entdeckung der Neuen Welt fanden viele fremde Spezies ihren Weg über den Atlantik in die alte Heimat. Botaniker, Abenteurer und professionelle Pflanzenjäger wurden auf Expedition nach Afrika, Südamerika und andere ferne Länder geschickt, um hortikulturelle Schätze nach Hause zu schicken. Doch jahrelang war es nur Kapitänen von Kauffahrern und aus China und Japan zurückkehrenden Missionaren möglich, ab und zu ein orientalisches Ge-

wächs zu importieren. Als diese beiden Länder sich dann schließlich dem Westen öffneten, schossen ihre Pflanzenexporte in die Höhe. England nahm ihre Schätze begierig auf und erwies sich wegen seines milden Klimas als besonders gastfreundlicher Boden für eine gewaltige Anzahl der ausländischen Spezies. Italien dagegen zeigte nie viel Interesse an importierten Pflanzen, und Frankreich akzeptierte nur die botanischen Neulinge, die bestimmten gartenbaulichen Erfordernissen entsprachen und auf deren Form und Farbe man sich verlassen konnte. Die USA allerdings waren der Begünstigte, als E.H. »Der Chinese« Wilson über 1000 Spezies ans Arnold Arboretum in Boston schickte.

Die beiden Genies, denen es gelang, die Menge der Pflanzen, die Ende des 19. Jahrhunderts verfügbar waren, zu sichten und zu ordnen, waren William Robinson und Gertrude Jekyll. Robinsons leichte Hand und sein echt botanischer Respekt vor den Pflanzen, ihrer Struktur und ihrem Habitat trug dazu bei, die Mitmenschen für die Gärtnerei zu sensibilisieren. Und seine Kollegin Gertrude Jekyll gab ihr Farb- und Formgefühl dazu, aber auch ihr Verständnis für die Notwendigkeit, einen Naturgarten mit einem gut strukturierten Gerüst zu versehen. Zum Design-Problem merkte sie an:

> »Der Besitz einer Vielzahl von Pflanzen, so gut und so viele sie auch sein mögen, macht noch keinen Garten; es macht nur eine Sammlung. Wenn man die Pflanzen erst einmal hat, liegt die große Leistung darin, sie mit sorgfältiger Auswahl und klar umrissenen Intentionen einzusetzen.«

Viele Leute halten Vita Sackville-West für die größte Gärtnerin die-

Die Bauerngärtner gehörten zu den ersten, die Türen mit Kletterpflanzen und Topfblumen schmückten. Bei Barnsley House verzwirbelt eine Säckelblume ihr Gezweig mit Geißblatt und bunten Sträuchern.

Nellie-Moser-Clematis, Sammetmalve und Danse-du-Feu-*Kletterrosen verdecken ein Spalier neben einer Tür von Barnsley House in Gloucestershire.*

Links: Im Juni steht Rosemary Vereys Goldregengang in voller Blüte. Die gelben Blüten oben werden von dem Allium flatunense, *den Hosats und der goldenen Zitronenmelisse darunter ergänzt.*

Folgende Doppelseite: Überall von den Britischen Inseln kommen die Leute angereist, um Vita Sackville-Wests gärtnerische Leistungen zu bewundern. Sie hat im Observer *viele Artikel über ihre Pflanzen geschrieben und damit das Publikum angeregt und unterrichtet. Über der Mauer hängt weiße Wistaria, die ansehnlicher ist als die übliche blaue. Im Hintergrund steht ein Beet voller Exbury-Azaleen in voller Blüte; diese laubwechselnde Sorte blüht etwas früher als ihre rosafarbenen Vettern.*

Übernächste Doppelseite: Geglückte Pflanzenzusammenstellungen sind ein Ziel, das alle gewitzteren englischen Gärtner anstreben. Was für den Neuling wie eine Pflanze aussieht, ist in Wirklichkeit eine Kombination von blaublättriger Hosta und ornamentalem Allium flaturnense, *das im Juni blüht. Wenn die Hosta im August ihre eigenen Blüten treibt, sind die Allium-Blüten verwelkt und werden abgeschnitten.*

In der Welt der Blumen bietet die Farbe Rot am meisten Auswahl bei den Farbtönen. Es gibt viele Blumen, die sich mit Rosen verwenden lassen — zum Beispiel Feuernelken, Geranium subcaulescens *und Kandelaber-Primeln.*

Rechts: Die Blumengärtnerei zieht eine Menge Arbeit nach sich, darunter auch das Jäten und das Abschneiden der Blüten, wenn sie verwelkt sind, um für starke, gesunde und lange blühende Pflanzen zu sorgen. Die geglückten Anlagen bei Sissinghurst sind das Ergebnis intensiver Gärtnerei.

ses Jahrhunderts. Ihr Ansatz war der einer Malerin, ihr Enthusiasmus unermüdlich; infolgedessen steht ihr Garten in Sissinghurst in der Üppigkeit seines Bewuchses einzig da. Wie Hidcote besteht er aus einer Folge von Gartenräumen; die Baupläne wurden von Mrs. Sackville-West und ihrem Gatten Sir Harold Nicholson gezeichnet. Sie konzentrierte ihre Aufmerksamkeit und ihr beträchtliches Wissen auf die detaillierte Bepflanzung oder »Möblierung«, die jedem Raum sein deutliches Thema gab. Ihr Weißer Garten in Sissinghurst ist wahrscheinlich der bekannteste. Hier sind alle Blumen weiß oder grau. Blöcke von luftig wirkendem Meerkohl, vielgestaltiger Phlox, Tabak, Löwenmaul, Diptam und Beifuß sind in kompakten Blöcken gesetzt, umrahmt von einer dunkelgrünen Bordüre aus Buchsbaum. Unter Schneewittchen-Rosen steht weißes Lungenkraut, und ein silberner, weidenblättriger Birnbaum überschattet die Statue einer Jungfrau mit seinem schimmernden Laub. Im Juli klettert eine spätblühende Rosa longicuspis über eine feine Eisenpergola und markiert das Zentrum. Der Pflanzenreichtum allein auf diesem kleinen Fleckchen ist überwältigend. »Das eine weiß ich gewiß,« schrieb Miss Sackville-West in einem ihrer Artikel als Korrespondentin des *Observer*:

> »Jedes kleine Eckchen sollte mit irgendetwas Beständigem besetzt werden, mit etwas Interessantem und Schönen, das sich in etwas anderes einnistet, wie die Pflanzen es eben tun, wenn sie sich selbst in Kombinationen aussäen, wie wir sie mit all unserem Geschick und Wissen nicht zusammenstellen können.«

In Sissinghurst gibt es noch eine Menge weiterer Gartenräume, die alle auf einem Thema und einem künstlerischen Plan beruhen, in dem die Farbe und inspirierte Pflanzen-Verbindungen Vorrang haben. Fröhliche Farbflächen wechseln sich ab mit den ruhigen Zwischenspielen der Graswege; neben dem mit alten Rosen reich geschmückten Rosengarten liegt das Rondell, ein kreisförmiger Rasenflecken inmitten von Eibenhekken. Außerdem gibt es hier einen Obstgarten mit Apfelbäumen, einen Graben und eine Lindenallee als Frühlingsgarten, umrahmt von einer Rabatte mit Exbury-Azaleen und Hostas, einen Bauerngarten, einen Kräutergarten und zahlreiche Rabatten.

Das Heim von Rosemary Verey, einer weiteren englischen Schriftstellerin und Gärtnerin, ist Barnsley House in Gloucestershire. In ihrem Garten, einem jüngeren Beispiel für den englischen Stil, bringt Mrs. Verey auf einer relativ kleinen Fläche viele traditionelle Elemente zwanglos zusammen. Zu den Anlagen, die die Vergangenheit beschwören, sind ein paar elisabethanische Knotengärtchen gesellt, ein von Sonnenblumen bedrängter und von Säuleneiben eingerahmter Steinpfad, eine verwobene Lindenallee, ein winziges, völlig grünes Landschaftsmodell und ein neoklassizistisches Sommerhaus, das einen mit Iris gefüllten Teich überblickt und von einem in kräftigem Blau gestrichenen Eisentor flankiert ist. Obwohl es hier auch viele hervorragende Staudenrabatten gibt, könnte das Prunkstück des Gartens durchaus Mrs. Vereys Goldregen-Weg und ihr Gemüsegarten sein, der nach den dekorativen Prinzipien des Château de Villandry angelegt und mit Rosenstökken und Kohl bestückt ist. All diese Teile sind miteinander locker, aber

Das Juwel von Sissinghurst ist sein weißer Garten, wahrscheinlich der schönste Englands. Er wurde erst 1950 fertiggestellt, obwohl Vita Sackville-West schon nach dem Ersten Weltkrieg Pläne dafür machte. Hier wachsen in einem Rahmen aus buchsbaumgesäumten Beeten eine Unmenge von Pflanzen mit weißen Blüten oder silbrigem Blattwerk. Ein Eisenspalier in der Mitte ist von Rosa longicuspis *bedeckt, die im Juli blüht.*

Links: Ansehnliche Gebilde aus Hostas, Weißwurz, Stachiys lanata *und anderen Pflanzen ragen zur* Crambe cordifolia *und dem weidenblättrigen Birnbaum zur Linken auf. Im Garten hinter dem Baum liegt das Haus der Pfarrei, deren Fassade von Rosen überwuchert ist.*

Der Garten von Tintinhull House in Somerset kombiniert strenge Steingärten mit einer ungezwungenen Bepflanzung. Wege und Hecken unterteilen den 1930 angelegten Garten in Abschnitte. Der Blick über den kreisrunden Seerosenteich zeigt die Fassade des Hauses im Queen-Anne-Stil.

Links: Jenseits desselben Seerosenteiches führt ein Weg, gesäumt von Nepeta fassenii *oder Katzenminze in die Landschaft hinaus. Iris, Fingerhut, Rosen und Nelken verleihen dem Teich und seiner Umgebung anmutige Farben.*

Folgende Doppelseite: Der versunkene Garten von Lyegrove, ein früherer Gemüsegarten, wurde unter der Ägide der Countess von Westmoreland ein bezaubernder Seerosenteich. Dies ist der Inbegriff des englischen Gartens, in dem man die Blumen wie zufällig zwischen den Ritzen des zerbrochenen Pflasters wachsen läßt. Baldrian, Iris, Fingerhut, Veronica, Nelken und Steinrosen haben ihren Höhepunkt im Juni, wenn die Seerosen gerade zu blühen beginnen.

geglückt verbunden und verleihen dem Garten jene gemütliche Atmosphäre, die den Inbegriff des englischen Stils und seiner Anmut darstellen. Bei Barnsley House finden sich die vielen Elemente und die Blütenpracht, die für den englischen Stil typisch sind, doch gemäß dem Zeitgeschmack wirkt die Gesamtanlage organisch. Sie ist strukturiert, ohne symmetrisch zu sein; sie hat Achsen und wird doch nicht von den Geraden beherrscht. Der ganze Garten ist eine Variation über das Thema des klassischen englischen Gartens.

Der althergebrachte Weidezaun hat sich zur heutigen Gartenhecke entwickelt.

Trockene Mauern sind das bevorzugte Habitat solcher Steingartengewächse wie der Campanula portenschlagiana, *die bei Hestercombe gedeiht. Prunkvoller weißer Rittersporn schmückt die Terrasse über der Mauer.*

Vorhergehende Doppelseite: Was heute bei diesem alten englischen Hof in Suffolk ein versunkener Garten ist, war einst ein von Brombeerdikkicht und Brennesseln überwucherter Hofplatz. 1945 wurde er in einen Wassergarten umgewandelt, aber das Dach des früheren Viehstalls rechts wurde als Teichhäuschen beibehalten. An der Rückwand rankt sich eine Albertine-Rose empor. Am Rand des Wassers gedeihen großblättrige, feuchtigkeitsliebende Pflanzen wie Bergenien, Hostas und Schildblatt (Peltiphyllum peltatum).

Oben: Rankgewächse und üppig wuchernde Perennen und Büsche tragen dazu bei, diese Mauer im Botanischen Garten von Oxford zu verbergen. Die rechte Seite nimmt ein Beet mit Strauchpäonien ein.

Folgende Doppelseite: Diese runde Mauer in der Schweiz besteht aus Bauelementen, die wie Fischschuppen aussehen. Der Zwischenraum zwischen den einzelnen Schuppen enthält Erde, in der Lobelien und Geranien wachsen.

Übernächste Doppelseite: Eine der beiden berühmten Mauern aus Tieren und Bögen, der die Rasenteppiche im Hof des Château de Raray umschließt. Die Franzosen benutzen seit jeher Skulpturen, um ihre Freiluft-Räume zu beleben.

IX

Die gestaltete Landschaft

Russell Pages Garten in Long Island ist um einen elliptischen Teich herum angelegt. In ihrer Anfangsphase enthielt die Park-Bewegung architektonische Momente aus anderen Kulturen, während man neue Effekte erzielte, indem man nicht-einheimische Pflanzen wie die Kurume-Azaleen und immergrüne Hölzer mit der einheimischen Kornelkirsche und Feldblumen vermischte. Das Exotische dieser Gärten, wenn auch nicht ihre Schönheit, ist nur Menschen mit gärtnerischen Kenntnissen zugänglich.

Vorhergehende Seite: Es lohnt sich, eine Landschaft um einen Acer saccharum, *den nordamerikanischen Zuckerahornbaum, gestalten zu lassen. Im Herbst bieten seine rot, golden und braun leuchtenden Blätter im ganzen Staat New York und in Neu-England ein prächtiges Schauspiel.*

Folgende Doppelseite: Der bezaubernde Garten von Ninfa in Sermoneta, Italien, gehört der Familie Caetani. Im wesentlichen ist er ein jardin anglais, *der um die Türme und Ruinen einer mittelalterlichen italienischen Stadt angelegt ist. Großblättrige* Gunnera manicata *und Rosenbüsche hat man im englischen Stil entlang eines natürlichen Bachlaufes angepflanzt; in anderen Bereichen erinnern Zypressen und Lavendelwege an die mediterrane Lage.*

Rechts: Ein scheinbar natürlicher Pfad durchschneidet den Hain parallel zum Ufer des elliptischen Teiches. Die Büsche sind reichlich mit Waldhyazinthen, Federmohn und Walderdbeeren unterpflanzt.

Die einzigartige Kombination von Sonne und Terrain, Bäumen und Boden, die jedem Stück Land seinen eigenen Charakter gibt, dient auch dem Landschaftsgärtner als Ausgangspunkt. Sein Entwurf entwickelt sich im Wechselspiel mit der Lage und mit Rücksicht auf die Prinzipien der Natur. Bäume und Büsche stehen in lockeren Gruppen um offene Wiesen, Wasser sammelt sich in tief gelegenen Teichen und Bächen, ein ruhiger Hain verspricht Schatten — solch eine Szenerie scheint das Werk der Natur zu sein. Doch in Wirklichkeit stellt diese Anlage in einer gestalteten Landschaft den Versuch des Menschen dar, Plan und Natur ins Gleichgewicht zu bringen. Russell Page ist jemand, der hierin große Meisterschaft erlangt hat — ein berühmter Engländer, der an vielen Stätten, von italienischen Hügeln bis hin zu Mittelmeerinseln, von französischen und englischen Landgärten bis hin zu New Yorker Stadtenklaven gewirkt hat. Bevor er mit seinem Entwurf beginnt, sieht er sich nach einer Quelle der Inspiration um, die er im allgemeinen irgendwo auf dem Gelände findet. Aber wenn Page erst einmal seine Hauptidee oder sein Thema gefunden hat, zögert er nicht, seine eigene Ordnung in das Geflecht der bestehenden Landschaft einzuweben. Die Vielseitigkeit und Eleganz, mit der er vor allem Bäume und Wasser verwendet, haben ihm internationalen Ruhm eingetragen. Zwei Waldgärten, der eine in Norditalien, der andere in den USA, stellen ausgezeichnete Beispiele für die unterschiedliche Art und Weise dar, in der er diese beiden Naturelemente eingesetzt hat, um bezaubernde, aber recht verschiedene Effekte zu erzielen.

In Villar Peroso, auf dem Gelände der Sommerresidenz von Signor

Ein gepflasterter Weg führt aus dem unteren Bachgarten von Hidcote aufs Weideland hinaus. Die Behandlung dieser peripheren Stelle wirkt ungezwungen, aber in Wirklichkeit war hier eine Meisterhand am Werke — sowohl in der Gestaltung wie auch in der Auswahl der exotischen Büsche, Hostas und Frühlingsblumen.

und Signora Gianni Agnelli am Fuß der italienischen Alpen in Piemont, ist es Page geglückt, in einem ursprünglich abweisenden, steilen und engen Tal, durch das im Frühling ein reißender Wildbach strömte, einen heiteren Wassergarten zu errichten. Wegen des steilen Geländes floß das Wasser zu schnell, um als Vorzug der Landschaft gewürdigt werden zu können. Um es zu verlangsamen und bequeme Nischen für Pflanzen zu schaffen, staute Page den Bach an elf Stellen, womit er ein Geschmeide aus elf Teichen von 6 bis 15 m Durchmesser schuf, verbunden durch elf Kaskaden von 1 bis 3 m Höhe. Jeder Teich ist von einer anderen Gruppe von wasserliebenden Pflanzen und Büschen umgeben, beispielsweise Japanischem Hartriegel, Rhus cotinus, Japanischem Schneeball und Eichenblättriger Hortensie, unter oder neben denen Scillas, Osterblumen und Himalaya-Mohn ihre alljährliche Vorstellung geben. Das Ergebnis ist ein Wassergarten, der trotz der gerodeten Bäume und Erdbewegungen fast natürlich wirkt.

Bei einem Garten auf Long Island votierte Page für eine Lösung, die die Gestaltung stärker erkennen läßt. Die Anlage ist zurückhaltend, symmetrisch und abgeschlossen. Ein elliptischer Teich liegt in einer ovalen feuchten Wiese, deren lange Achse durch einen Weg vom und zum Teich subtil betont wird. Azaleen, Rhododendron, Hartriegel und große Bäume drängen sich auf dem dreistufigen Ufer, das den Rahmen dieses Gartens darstellt und drei farbenprächtige, parallele Bänder bildet, welche die ovale Form von Teich und Wiese wiederholen. Die Unterpflanzung, die vor allem von zwei ovalen Wegen aus zu sehen ist, die das Ufer in niedrigere und höhere Ebenen unterteilen, besteht aus einer üppigen Mi-

Vorhergehende Doppelseite: Wie alle seine impressionistischen Freunde liebte Monet die japanische Kunst, und er sammelte japanische Holzschnitte. Eine Hauptinspiration für ihn waren die orientalischen Darstellungen von Pflanzen und Gewässern, und so machte er sich 1883 daran, auf dem tiefer gelegenen Teil seines Grundstücks in Giverny einen Teich anzulegen. Vor allem gehörte dazu das Neuarrangement von Pflanzen wie Seerosen, Schilf, Iris und Weiden, die ohnehin an der Epte, dem nahegelegenen Fluß, wuchsen, aber Monet zögerte auch nicht, weitere Blumen hinzuzufügen.

schung von Waldhyazinthen, Maiglöckchen, Farn, Maiapfel, Erdbeeren, Hostas und gelegentlich einem Rhabarber. Dieser Ansatz und die Einbettung in die umliegende Landschaft erzeugen — der vorherrschenden Symmetrie des Gartens zum Trotz — eine erstaunliche Lockerheit. In diesen beiden von Page entworfenen Gärten ist die Einmischung des Menschen eher zu spüren als zu sehen — der Gesamteindruck wirkt recht natürlich.

Fast allen Landschaftsgärten gemeinsam sind die Wege und Wiesen, die zur Betrachtung und Erkundung einladen. Sie sind die strukturellen Elemente, da sie die verschiedenen Abteilungen des Gartens verbinden. Vielleicht noch wichtiger, lenken Wege die Schritte und legen daher fest, wie man die Szenerie erlebt. Sie dienen als unaufdringliche Achsen, und die Folge von Lichtungen und Enklaven, durch die sie verlaufen, sind so geordnet wie die Räume und Mauern der formelleren Anlagen, bis darauf, daß die Elemente eines Landschaftsgartens mit geschwungenen Linien und Bögen, die natürlich wirken sollen, lockerer arrangiert sind. Gemischte Baum- und Strauchgruppen setzt man ein, um die unregelmäßig geformten Freiflächen zu umrahmen. Jede Fläche wiederum ist um ein bestimmtes Element herum geplant — einen besonderen Baum, einen See, eine durchschimmernde Szenerie oder einen Panoramablick.

Die Bewegung ist ein wesentliches Element für die Wahrnehmung der gestalteten Landschaft — ob man nun zu Fuß geht oder seine Augen wandern läßt. Ein Pfad, der hinter einer Biegung verschwindet oder ein von Ästen versperrter Blick regen Neugier und Vorwegnahme an. Daher passen zum Landschafts-Stil eine bestimmte

Baumgroß geworden ist dieser Enkianthus campanulatus *oder Chinesische Pagodenbusch in voller Blüte auf einer mit Frühlingsblumen übersäten Wiese bei Stourhead, einem Anwesen des National Trust und einer der Wiegen der Landschaftsgestaltung.*

Folgende Doppelseite: Die saure Böden liebenden Azaleen blühen unter einem Baldachin von Zierkirschen auf dem japanischen Hügelweg der Longwood Gardens in Pennsylvania, einem aus mancherlei Quelle schöpfenden Garten, der viele verschiedene Stile darstellt.

Oben: Die chinesische Chippendale-Brücke bei Pusey House in Oxfordshire wurde in diesem Jahrhundert gebaut.

Unten: Eine nach indischen Vorbildern entworfene Steinbrükke mit zwei kauernden Bullen überspannt eine Senke bei Sezincote in Gloucestershire. Die Brücke wurde um 1800 errichtet.

geheimnisvolle Qualität oder ein Element der Überraschung. Formale Gärten mit ihrer strengen geometrischen Anlage sind auf einen Blick zu überschauen, während nicht formale, gestaltete Landschaften per definitionem asymmetrisch sind. Obwohl die Chinesen und Japaner schon seit Jahrhunderten asymmetrische Gärten anlegen, sind Augen und Verstand des westlichen Menschen darauf getrimmt, Symmetrie zu erwarten. Und wenn sie nicht unmittelbar erkennbar ist, versucht er, sie herzustellen, gleichsam, um sein Balancebedürfnis zu befriedigen. Asymmetrische Anlagen sind schwieriger zu komponieren, aber wenn man erst einmal die Balance gefunden hat, durchdringt sie die Landschaft mit einer subtilen, unterschwelligen Energie, die den statischeren Plänen strenger Gärten abgeht. Die Energie regt zur Bewegung an und eliminiert gleichzeitig die Langeweile, etwas zu finden, was allzu vorhersehbar war.

Oft bedient man sich eines gewundenen Pfades, um die verschiedenen »Bilder« des Landschaftsgartens zu verbinden. Diese Betonung der pittoresken Ansicht geht auf die Engländer zurück, die im 18. Jahrhundert, inspiriert von der Landschaftsmalerei eines Poussin oder Lorrain, Gärten wie Szenen auf der Leinwand konzipierten, in denen sich Vordergrund, Mittelgrund und weite Ansichten um solche Blickpunkte wie Seen, Tempel oder Brücken ordneten. William Kent, einer der ersten Gartengestalter, der in dem neuen Landschaftsstil arbeitete, war Maler, bevor ihn die Gartenkunst in ihren Bann schlug. Seine Anlage in Rousham läßt seine Technik der Bildgestaltung erkennen: Der Garten beginnt mit einer von Bäumen und Gras umrahmten Panorama-Ansicht über das Cherwell-Tal und

schlängelt sich dann entlang eines Pfades, der mit szenischen Vignetten in Form von Teichen, Statuen, einer Brücke und einem klassischen Tempel interpunktiert ist, bis zum Flußufer hinab. Kents Werke waren einfcher als die von Humphrey Repton, der zum Meister des reifen Landschaftsstiles wurde. Reptons Landschaften begannen bei den Fundamenten von Bauwerken und dehnten sich anmutig in das Umland aus, wobei er eher auf Ansichten denn auf Vignetten Wert legte. Doch sein Ansatz beruhte ebenfalls auf der Malerei: In seinen berühmten roten Büchlein machte er angehenden Klienten mit Aquarellskizzen ihrer Gärten vor und nach seinen Verbesserungen den Mund wäßrig.

Russell Page, Christopher Lloyd und vielen anderen meisterhaften Gärtnern zufolge gehört zur gestalteten Landschaft nicht unbedingt

Mit weißen und blauen Wistarien bedeckt ist Monets berühmte Brücke über den Seerosenteich in Giverny. Obgleich von einem japanischen Druck inspiriert, ließ Monet die Brücke in einem unauffälligen Blaugrün anstreichen, das für das westliche Auge besser zur Natur paßt als das oft in Japan verwendete Zinnoberrot.

Folgende Doppelseite: Japanische Gärten sind vor allem an der Westküste der USA beliebt, die näher an Japan liegt als jede andere gärtnerische Zone der westlichen Hemisphäre. Im japanischen Garten des Huntington Botanical Garden in San Marino, Kalifornien, gibt es verschiedene Arten des Pinus densiflora, *der japanischen Rotkiefer (die mit dem aufgefächerten Stamm ist* Pinus densiflora umbraculifera*), Azaleen, Kamelien, blühende Pfirsich-, Kirsch- und Aprikosenbäume, Iris und* Acer palmatum, *den japanischen Ahorn. Ebenso wichtig sind in dieser Anordnung die Ornamente, Steinampeln, Votivsteine und die zinnoberrot gestrichene Brücke — wesentliche Elemente der japanischen Tempel- und Schreinarchitektur.*

Der Garten von Rousham House ist das deutlichste Beispiel für den von William Kent ins Leben gerufenen Landschaftsstil. In allen Epochen hat man griechische Götter und Göttinnen verwendet, um Gärten und Parks zu bevölkern — so auch diesen Faun, der in den Anblick eines Teiches versunken scheint.

das Panorama. Tatsächlich meinen viele sogar, ein guter Garten und eine prächtige Aussicht seien unvereinbar, und Vordergrund und Ferne sollten in einer Komposition eher Ergänzungen darstellen als eine Konkurrenz. Wo die Aussicht spektakulär ist, sollte der Garten als einfacher Rahmen dienen; wenn die umliegende Landschaft schlicht uninteressant ist oder nicht zum Plan gehört, kann man die Ansichten innerhalb des Gartens mit ungewöhnlichen Pflanzen und ins Auge fallenden Ornamenten stärker ausarbeiten.

Die Freiflächen im Landschaftsgarten sind dem Wasser und dem Gras gewidmet. Ob stehend oder fließend, ob in Seen, Teichen, Bächen oder Tümpeln — Wasser ist interessant. Weitläufige Landschaften erfordern große Wasserflächen, und infolgedessen werden sie oft recht weit entfernt angelegt, wo sie nicht den gesamten Garten beherrschen. Maßstab und Proportion sind von äußerster Wichtigkeit, insbesondere, da Landschaftsarchitekten dazu neigen, mit großen Lichtungen und eher mit Bulldozern als mit Spaten zu arbeiten. Die ambitioniertesten Erdbeweger waren vielleicht die Gartenplaner des 18. Jahrhunderts. Sie waren Experten im Dammbau, und indem sie die Flüsse bändigten, schufen sie Wasserflächen, die den gewaltigen Dimensionen der Häuser ihrer Klienten angemessen waren. Die Seen bei Blenheim und Stourhead zum Beispiel sind von Menschenhand gemacht und entstanden aus kleinen Bächen.

Während Wasser in der Ferne gut wirkt, ist im Vordergrund das Gras unerläßlich, da es Bodenwellen und Mulden hervorhebt und die perfekte Folie für Panoramablicke bietet. Eine ausgedehnte Fläche niedrig geschorenen Rasens ist das Wahrzeichen des Landschaftsgar-

tens, das Vermächtnis eines Architekten aus dem 18. Jahrhundert, Lancelot »Capability« Brown. Brown, der seinen Spitznamen wegen seines scharfen Blicks für den Charakter oder das »Genie« eines Geländes erhalten hatte, die er als dessen »capabilities« oder Talente bezeichnete, reduzierte seine Gärten auf Bäume und Gras und eliminierte Blumenbeete, Parterres mit Balustraden und das Anpflanzen in Mustern. Browns Vorliebe für grüne Szenerien hat, vor allem in den USA, die nachfolgenden Gärtnergenerationen nachhaltig beeinflußt.

Wenn Wasser und Rasen die Öffnungen des Landschaftsgartens darstellen, sind es die Baumgruppen, die sein Wesen bestimmen. Zur Gestaltung von Landschaften gehört ebensooft das Roden von Bäumen wie das Pflanzen von neuen, insbesondere, weil es viel effizienter ist, Plätze aus bestehenden

Die Hauptaussicht von Rousham House ist vom Wesen her ruhig und elysisch. Punkte des Blickfangs wie diese Skulptur eines Löwen, der ein Pferd anfällt, sind unerläßlich, um die Landschaft interessant zu gestalten.

Eine zarte weiße Wistarie rankt sich ein Geländer bei Scotney Castle hinauf.

Waldungen herauszumeißeln, als mit Schößlingen neue Enklaven herzustellen. Daher sind die großen Bäume, die den Rahmen des Gartens bilden, gewöhnlich einheimische Arten, die in homogenen Blöcken mit zwei oder drei Varietäten wachsen. Einzelstücke hingegen sind wahrscheinlich Importe mit bestimmten erwünschten ornamentalen Qualitäten wie der Form des Wuchses oder der Farbe der Blüten und Blätter, und als solche haben sie eine andere Rolle zu spielen. Diese Einzelstücke im Garten aufzustellen, ist eins der schwierigsten Unterfangen der Landschaftsgärtnerei. Am häufigsten werden diese Schmuckbäume dorthin gestellt, wo ihre Silhouetten klar zu erkennen sind und ihre besonderen Charakteristika ihnen zum Vorteil gereichen.

Was am deutlichsten verrät, daß eine Landschaft gestaltet worden ist, sind ihre architektonischen Elemente. Diese Bauwerke, die von Brücken und Tempeln über Bögen, Ruinen, Grotten, Pavillons, Lust- und Teehäuser bis zu Aussichtstürmen reichen, sind die einzigen Ornamente in einer Szenerie, die ansonsten nicht von Menschenhand berührt zu sein scheint. Sie sind ein Indiz dafür, wann eine bestimmte Anlage errichtet wurde. Im 18. Jahrhundert wurden solche Tempel und Ruinen, wie sie auf den Gemälden von Claude Lorrain erscheinen, zu erwünschten Verzierungen der Landschaftsgärten, die ein arkadisches Echo der Vergangenheit beschworen und eine Hommage an die Antike darstellten. Allmählich wichen die klassizistischen Bauwerke einem exotischeren Romantizismus, der seinen pittoresken Ausdruck in chinesischen Pagoden und indischen Brücken fand, in Klausen und rustikalen Schutzhütten und in nachgemachten Ruinen und verwitternden gotischen Bögen — ein Kommentar zur Vergänglichkeit der menschlichen Schöpfungen und ihrer Verwundbarkeit durch die Kräfte der Natur. Schließlich entwickelte sich das Verlangen nach »sublimer« Schönheit mit ihren dramatischen Akzenten: zerzauste Bäume, wüste Szenerien (Klippen und Wasserfälle) und melancholische Stimmungen. Infolgedessen pflanzte man Nadelbäume mit gedeckten Farben und düsteren Silhouetten, aber auch verkrümmte oder herabhängende, laubwechselnde Bäume wie Trauerweiden und Birken, um die Landschaft »natürlicher« aussehen zu lassen. In einem Garten stellte Humphrey Repton sogar einen toten Baumstumpf auf. Zusätzlich dazu setzte man oft ungewöhnliche Bäume neben architektonische Elemente: Libanon-Zedern verwendete man, um die massive Steinbrücke in Blenheim zu ergänzen, und chilenischen Bambus und chinesische Hortensien dienten als Hintergrund für die indische Brücke in Sezincote.

Brücken allerdings blieben ein beliebtes Element des Landschaftsgartens. Ein Bauwerk wie ein Tempel oder ein Miniatur-Pantheon erfordert eine recht große Anlage und erhebliche Aufwendungen, aber eine Fußgängerbrücke über einen kleinen Wasserlauf läßt sich problemlos errichten. Außerdem erregt eine Brücke, ob allein oder in Verbindung mit Wasser, stets die Aufmerksamkeit und bildet einen auffälligen Blickfang. Brücken verwendet man auch oft, um periphere Szenen zu schmücken oder um die Grenze zu markieren, wo das gestaltete Gelände endet und die natürliche Landschaft beginnt. Die chinesischen Chippendale-Brükken bei Pusey House zum Beispiel markieren den Übergang von den Staudenrabatten und Blumenbee-

Oben: Die Chinesische Meierei bei Woburn Abbey in Bedfordshire, England, wurde in einer Zeit der exotischen Romantik gegen Ende des 18. Jahrhunderts errichtet. Trotz der Popularität der Chinoiserien war der bedeutendste chinesische Beitrag zur westlichen Gartenkunst das mystische Empfinden für eine Landschaft, und nicht etwa die Architektur.

Unten: Der Tempel der Alten Tugenden liegt auf den elysischen Gefilden am Styx — und zwar zu Stowe in Buckinghamshire. Die wichtigsten Ornamente der ansonsten unterkühlten, völlig grünen Landschaftsgärten des 18. Jahrhunderts waren griechische und römische Tempel und palladische Bauten.

Wasser stürzt eine der Kaskaden hinab, die die elf Teiche im Waldgarten von Signor und Signora Gianni Agnelli in Villar Perosa bei Turin verbinden. Von Russell Page gestaltet, wirkt der Garten völlig natürlich.

Seite 242—243: Scotney Castle in Kent verfügt über den besterhaltenen und romantischsten der pittoresken Landschaftsgärten, der 1836 von Edward Hussey angelegt wurde. Der zerfallene Landsitz aus dem 17. Jahrhundert mit seinem Turm und Wassergraben aus dem 14. Jahrhundert wird von Rhododendron und verschiedenen Kletterpflanzen verschönt, die die alten Mauern emporklimmen.

Vorhergehende Doppelseite: Einer der Seerosenteiche in der subtropischen Abteilung der Huntington Gardens in San Marino, Kalifornien, ist von Iris und Bambus gesäumt und von seltenen Koniferen umstanden. Dieser ungewöhnliche Landschaftsgarten ist im englischen Stil angelegt, enthält aber tropische Pflanzen.

ten zu einer wilderen Landschaft, die eine Ansammlung von Bäumen und buntem Buschwerk beherbergt.

Selbst wenn die Nahtstelle zwischen gestalteter und natürlicher Landschaft nicht ausdrücklich überbrückt wird, ist der Übergang gewöhnlich fließend. Keine expliziten Grenzen zeigen an, wo der Garten endet oder die umgebende Landschaft beginnt; die kultivierte Landschaft verschmilzt eher unmerklich mit der Umgebung. Im 18. Jahrhundert wurde diese Wende durch die ingeniöse Erfindung des Ahas oder Grenzgrabens ermöglicht, einer Kreuzung zwischen einem Graben und einer Böschungsmauer, die Kühe und Schafe davon abhielt, sich an den Gewächsen beim Haus zu mästen. Ahas sind von höherer Warte normalerweise nicht zu sehen, was bedeutete, daß die Rasenflächen sich scheinbar ungehindert ausdehnten und einen einfachen Vordergrund für den Blick in die Ferne bildeten. Das Vieh, das in mittlerer Entfernung unmittelbar hinter dem Graben weidete, war eine passende Ergänzung der ländlichen Szenerie.

Als Stil hatten die Landschafts-Bewegung und ihre Nachfolger erstaunlichen und fast sofortigen Erfolg. Unzählige formale Gärten wurden untergepflügt und als Landschaften neu angepflanzt — nicht nur in Großbritannien, sondern auch in anderen Ländern Europas, wo *jardins anglais* und *giardini inglesi* die Popularität des nicht formal angelegten Gartens mit seinen Grünschattierungen, den importierten Bäumen und seiner natürlichen Aura attestieren.

Doch nirgendwo hat das Konzept des Landschaftsgartens solch große Wirkung gezeitigt wie in den USA. Im ganzen Land diente es als Modell für öffentliche Parks. Von Kent und Brown inspiriert, verwandelte Frederick Law Olmsted, der berühmte Landschaftsarchitekt des 19. Jahrhunderts, fast 350 Hektar Fels mitten in Manhattan zu einem szenischen Landschaftspark. Man hält ihn immer noch für den bedeutendsten Gartengestalter Amerikas, und die zahlreichen städtischen Anlagen, botanischen Gärten, Einkaufszentren und Vorstadtgärten, die eher als natürliche Landschaften denn als formal gebundene Anlagen konzipiert sind, zeugen von seinem Einfluß. Es sind eher Gegenden als Gärten, weder aufwendig zu errichten noch schwierig zu erhalten. Das allein macht in der Praxis wahrscheinlich einen Großteil ihres Reizes aus.

Oben: Jeder der elf Teiche hat seine besonderen Pflanzen, beispielsweise den Cornus kousa chinensis *zur Linken.*

Unten: Eine Brücke über eine Senke im Garten der Agnellis führt in die wilderen Teile des Waldes. In der getrimmten Hecke zeigt sich deutlich das Werk von Menschenhand.

X

Der Wildgarten

Iris siberica *ist eine der geeignetsten Pflanzen für den Wildgarten, weil sie sich um sich selbst kümmert, wenn sie einmal Fuß gefaßt hat.*

Seite 249: Im Wildgarten richtet sich das Interesse des Menschen auf die Pflanze selbst, auf ihre botanische Klassifizierung und ihre natürlichen Bedürfnisse. Eine majestätische Pflanze, die jeder Umgebung Größe und ein skulpturelles Element verleiht, ist die feuchtigkeitsliebende Gunnera manicata *mit ihren gigantischen Blättern und dem eindrucksvollen, meterhohen bräunlichen Blütenschaft.*

Vorhergehende Doppelseite: Einer der hervorragendsten Beiträge Amerikas zur Gartenkunst ist der Waldgarten in Winterthur, den Henry Francis du Pont 1902 entwickelt hat. Kurume-Azaleen und Dexter-Hybrid-Rhododendron gehören zu den exotischeren Gewächsen, die erfolgreich mit der einheimischen Kornelkirsche, Farn, Wachslilie und Maiapfel zusammengestellt werden. Zu den hierher stammenden Bäumen finden sich Buchen, Eichen und Tulpenbäume.

Rechts: Dr. Smarts Sumpfgarten in Marwood, North Devon, ist die Heimat einer Vielzahl von Pflanzen, die sich an den nassen Boden angepaßt haben. Im Vordergrund sieht man Astilben (Federsee, Granat, Cologne), und dahinter biegen sich die Federn des Aruncus sylvester *oder Geißbart im Wind. Rechts stehen Taglilien und* Salvia uliginosa, *während das ganze von Primeln und Leimkraut durchsetzt ist.*

Ausgeprägte Gartenstile entwickeln sich infolge solcher Faktoren wie dem persönlichen Geschmack, dem Charakter des Geländes und den Einschränkungen durch Zeit, Geld, Platz und Klima. Heute ist das Verhältnis von Mensch und Natur ein vernunftbetontes, eher durch Wissenschaft als Leidenschaft inspiriert, und der Stil, der sich daraus entwickelt hat, ist der Wildgarten. Die Hauptbestandteile des Wildgartens, den man ob seiner echten Einfachheit und dem Fehlen jeglicher Spitzfindigkeiten bewundert, sind Pflanzen, die nach natürlichen statt nach formalen Prinzipien angeordnet sind. Gräben, Haine und sumpfige Wiesen nehmen den Platz von Beeten, Rabatten und architektonischen Elementen ein. Aber so willkürlich die Anlage solch eines Gartens auch erscheinen mag, ist er doch nach einem bestimmten Konzept gestaltet.

Der zeitgenössische Ansatz der Gärtnerei schafft die Bereitwilligkeit, innerhalb des vom Gelände vorgegebenen Rahmens — seien dies nun bestehende Weiden oder Marschen, Waldungen oder Tümpel — und mit den Elementen der natürlichen Umgebung zu arbeiten. Dazu gehört eher ein Prozeß der Ausarbeitung als der Ausrottung, der Intensivierung der originalen Elemente und die Einbettung des kultivierten Gebiets in die umliegende Landschaft. So ist der Entwurf eines Wildgartens keine rein ästhetische Übung, die einen Lieblingsstil auswählt und ihn auf das Gelände anwendet — es ist eine Unternehmung, die Analyse und ein Gespür für die Umwelt ebenso erfordert wie künstlerische Fähigkeiten.

Idealerweise sollten die Pflanzen des Wildgartens so gut an die örtlichen Verhältnisse angepaßt sein,

Der Wüstengarten der Huntington Gardens in San Marino, Kalifornien, steht einzig da, und zwar wegen seiner etwa 2 000 Sukkulentenarten — Bäume und Büsche, die überleben, indem sie in ihren dicken Stämmen oder Blättern Wasser speichern. Echinocereos cinerascens *hat rosa Blüten. Links erhebt sich die hohe Säule eines* Borzicactus celsianus *aus Bolivien; in der Mitte steht* Opuntia phaecantha major *aus Nordamerika; und im Hintergrund rechts befindet sich* Agava salmiana.

Vorhergehende Doppelseite: Seit Monets Zeit haben die Gärtner Gefallen daran, monochromatische Gruppen von Pflanzen mit grellen Farben zusammenzustellen. Der verstorbene William Suhr hat in seinem Waldgarten in Westchester Azaleen mit verschiedenen Rot- und Weißtönen angehäuft. Diese Büsche gedeihen auf den sauren Böden der Ostküste.

daß sie sich zahlreich vermehren und schließlich autarke Landschaften schaffen, die bei minimaler Pflege des Gärtners blühen und welken. Sie müssen allerdings nicht aus der Region stammen. Exotische Importe sind akzeptabel, solange sie auf dem Gelände überleben und gedeihen können. Grundriß und Bewuchs sind ungezwungen und den ursprünglichen Elementen der Landschaft so eng nachgebildet, daß sie nicht gestaltet wirken.

Im Bewußtsein des 20. Jahrhunderts hat sich ein Respekt vor der Natur tief eingegraben, der für diesen Gartenstil unabdingbar ist. In den USA hat die Wildnis eine wesentliche Rolle bei der Bildung der Nation gespielt. Von den Pilgern des 17. bis zu den Pionieren und Prospektoren des 19. Jahrhunderts mußten die Amerikaner mit ungezähmten Landschaften fertig werden. Angeregt von den tiefen Wäldern in Massachusetts und Kalifornien, philosophierten Henry David Thoreau und John Muir über die wohltuende Wirkung und Inspiration durch die Natur. Außer Nationalhelden waren George Washington und Thomas Jefferson aktive Gartenbauer, und Theodore Roosevelt, der es liebte, im Freien zu sein, schuf während seiner Amtszeit fünf Nationalparks. Viele ihrer zeitgenössischen Nachfahren kümmern sich in anderem Maßstab um ökologische Belange.

Der Naturgenuß ist natürlich nicht auf die USA beschränkt. Es handelt sich um ein weltweites Phänomen, das auf das 18. Jahrhundert zurückgeht, als Jean-Jacques Rousseau, der französische Philosoph und Schriftsteller, alles Natürliche willkommen hieß und alles andere verbannte. Er pries die Natur als unschuldig und gut und verdammte die Gesellschaft als immanent korrupt. Was die Beziehung zwischen

*C*horisia speciosa *speichert Wasser in seinem Stamm, der durch Dornen geschützt ist. Umstanden ist er von Kalanchoen: Die gelben Blumen links sind Grandifloras aus Indien, die rosa Blüten rechts sind* Kalanchoes tedtschenkoi *aus Madagaskar. Der Baum links davon ist eine* Aloe candelabrum.

Oben: Im Huntington-Wüstengarten sind die Winterblüten durch Sukkulenten afrikanischen Ursprungs vertreten; im Frühling und Sommer sorgen Kakteen und andere amerikanische Pflanzen für Farbe.

Unten: Ein Kugelkaktus erhebt sich aus einem Meer blauer Senecio mandraliscae. *Die roten Blüten gehören zu Aloe.*

Rechts: Der schlangenartige Kaktus Trichocereus thelegonus *stammt aus Argentinien.*

Mensch und Natur angeht, trat Rousseau ursprünglich für frei gewachsene Gärten ein, aber gegen Ende seines Lebens wurde seine Haltung radikaler. Zuletzt wies er die Kunst des Gartenbaus völlig zurück, in der Überzeugung, daß bei der Anlage von Vergnügungsgeländen der Mensch der Natur Gewalt antut.

Die Romantiker und die pittoreske Bewegung des 18. Jahrhunderts, die jene ins Leben riefen, förderten das Verständnis für eine »verbesserte« Natur. Bernardin de St.-Pierre, der sich Rousseaus Naturbegeisterung anschloß, trieb sie noch weiter, als er ein Traktat über Gärten schrieb, in dem er die Einführung von Exotika und die Verwendung von tropischen Pflanzen in gemäßigten Zonen verfocht. Heute steht seine Statue stolz im Jardin des Plantes in Paris, und der Exotizismus, für den er eintrat, ist es, was den naturalistischen Garten von der unkultivierten Landschaft der Umgebung subtil unterscheidet. Bambushaine, ein tiefroter Perückenstrauch, eine üppig wirkende Zimmeraralie oder die großen, spitzen Blätter des Götterbaums, die sich zwischen die Eichen und Ahornbäume eines modernen Gartens mischen, sind ein Tribut an ihn.

Wenn es St.-Pierre gelungen ist, unseren Appetit auf Exotisches anzuregen, sorgten Pflanzenjäger für die Kost, wenn sie sich in die entlegensten Winkel der Welt wagten, um Bäume, Büsche, Blüten und alle Pflanzen zu suchen, die man dazu verleiten konnte, in den heimischen Gärten zu gedeihen. Im 19. Jahrhundert bereisten zahlreiche Abenteurer den Fernen Osten und brachten eine Fülle an orientalischen Gewächsen mit. Ernest Wilson kehrte mit 1000 chinesischen Spezies zurück, und Charles Sprague Sargent führte viele der

Goldene Kakteensäulen, goldene Kugelkakteen, afrikanische Aloe und ein riesiger südamerikanischer Cereus wetteifern im Huntington-Wüstengarten um Platz.

Rechts: Der Garten von Hortense Miller in Laguna Beach steht voller einheimischer kalifornischer und trockenheitsresistenter australischer Pflanzen, die eine Chance haben, die Brände zu überleben, die oft durch den Canyon rasen. Agaven, Beifuß, Rittersporn und einheimische Wildpflanzen verwandeln die einstige Wüste in einen blühenden Berghang.

botanischen Schätze Japans ins Arnold Arboretum in Boston ein. Infolgedessen verfügen die heutigen Wildgärtner über ein üppiges Pflanzenrepertoire aus Regionen, die geographisch weit voneinander entfernt, im wesentlichen aber ökologisch ähnlich sind. So beherbergt eine Waldanlage in Neuengland Azaleen, die aus den Bergen von Ost-Japan stammen, ein Küstengarten in Kalifornien prunkt mit robusten Pflanzen aus Asien, und solche Gärten wie der von Mr. und Mrs. Fenton in Kalifornien unterhalten eine Sammlung von graublättrigen Pflanzen, die aus dem Mittelmeerraum stammen und daher gut an Hitze und Trockenheit angepaßt sind.

Was den Stil angeht, ist der Wildgarten sowohl den Parklandschaften des 18. Jahrhunderts wie den englischen Blumengärten des späten 19. und frühen 20. Jahrhunderts verpflichtet. Vom Park hat der Wildgarten den Akzent auf dem Pittoresken und die Vorstellung vom Garten als Teil des Umlands übernommen. Solche Waldgärten wie der in Winterthur, Delaware, sind nach den Normen des 18. Jahrhunderts angelegt: Hartriegel und Rhododendron gruppieren sich in Gräben und um Lichtungen, die aus einem Baldachin größerer, einheimischer Bäume ausgeschnitten sind. Praktisch alle Hinweise auf Menschenwerk sind entweder versteckt oder entfernt worden — ein Trend, den die Landschafts-Schule ins Leben rief und den die Wildgärtner noch weiter trieben. Steinmauern, Terrassen, kunstvolle Treppenfluchten und Götterstatuen sind verschwunden; allein ein Fußweg und hie und da eine Bank sind geblieben.

Dem englischen Stil entlehnt ist die Vorstellung vom Garten als anheimelnder Zuflucht — ein Ort, der eine breite Vielfalt verschiede-

ner Gewächse schützt. Und wie die besten englischen Anlagen ist der Wildgarten ein Hort des Pflanzensammlers. Aber die Auswahl der Pflanzen in einem Wildgarten ist den besonderen Einschränkungen des Geländes unterworfen. Ob Hoch- oder Flachland, ob Buchenhain oder mäandernder Bach — die natürliche Umgebung und ihre Gegebenheiten diktieren, welche Spezies gedeihen und welche nicht. Die Kaktus-Abteilung im Botanischen Garten von Huntington ist beispielsweise ein Extrem: sonnig, heiß und trocken. Sie eignet sich nur für Kakteen, denn kein dünnhäutiges Waldgewächs würde hier überleben. Ein feuchtes Gelände dagegen lädt Iris und Prachtspieren, Segge und Aronstab ein und verbannt das Trockenheit liebende Fingerkraut und den Mauerpfeffer in die Blumenkübel. Die daraus erwachsende Einheitlichkeit ist eine Wohltat für die Pflanzenliebhaber, die von Natur aus eine erwerbslustige Gesellschaft sind, und deren Erwerbslust ansonsten oft zu einem akkumulativen Prozeß führt, der sich nicht mit natürlicher Ordnung verträgt.

Die immanente Übereinstimmung zwischen Bewuchs und Gelände sorgt dafür, daß Wildgärten wenig Pflege brauchen. Der Garten von Hortense Miller auf den Hängen eines südkalifornischen Canyons ist ein extremes Beispiel dafür: Sogar die periodischen Buschfeuer, die hier wüten, gelten als Teil der Lokalökologie, und die Pflanzen in den am stärksten betroffenen Bereichen sind Spezies, die sich an gelegentliche Brände gewöhnt haben. In jeder Umwelt ist das höchste Ziel des Wildgärtners, eine Pflanzen-Population zu fördern, die bei minimaler Unterstützung gedeiht. Ein naheliegendes Beispiel ist ein Gewölk von Narzissen, denn wenn sie erst ein-

mal angegangen sind, blühen sie Jahr für Jahr und brauchen bloß ab und zu einen Nachmittag, an dem man die Zwiebeln teilt und sie weiter auseinander setzt.

Diese ungezwungene Sorglosigkeit der Wildgärtnerei wird weiterhin durch die Tatsache unterstrichen, daß die Veränderung in den Naturalisierungs-Prozeß eingebaut ist; denn einmal im Boden, haben die Pflanzen freie Hand, sich nach bestem Vermögen anzusiedeln und auszubreiten. Während die Population wechselt und die Zusammensetzung sich ändert, befleißigt sich der weise Gärtner einer lässigen Einstellung dazu, was wächst und wo es wächst. Christopher Lloyds Garten bei Great Dixter in Surrey ist eine hervorragende Kombination von strukturierten Räumen und Wildgarten-Abschnitten. In einem Bereich beispielsweise blüht eine Horde Kaiserkronen, die ursprünglich auf einem Bachufer ver-

Die Farne gehören zu den nützlichsten Pflanzen, weil sie an den schattigsten Stellen gedeihen und als Bodendecker taugen. Trotz ihrer Blütenlosigkeit sehen sie zart und edel aus. In Nordamerika, das überaus reich an Farnen ist, wachsen viele verschiedene Spezies.

Heiligenkraut, Lavendel, Oleanderbüsche und Olivenbäume bevölkern Howard Fentons Garten in den Hügeln von Santa Barbara in Kalifornien. Die mediterranen Pflanzen gedeihen in diesem Klima, das dem ihrer Herkunftsregion entspricht; die Narzisse allerdings mußte eine Weile gekühlt werden, bevor sie blühen konnte.

teilt waren, und während die Zwiebeln sich vermehrten, sind sie allmählich den Abhang hinab gewandert. Im Frühling ist der ganze Hang ein Blütenteppich; selbst das Bachbett darunter, das ursprünglich zu feucht war für Blumen, ist gefüllt mit Kaiserkronen. Solche Veränderungen sind bei der Verwilderung willkommen, aber sie wollen beaufsichtigt werden, wenn die Grenze zwischen dem Naturalisierten und dem Natürlichen bestehen bleiben soll. In dem Moment, da der Gärtner sich abwendet, beginnt die Natur, ihr Terrain zurückzuerobern, Beete in Dorngestrüpp und Felder in Wälder zu verwandeln.

Im Wildgarten spielen Pflanzen ebenso die Hauptrolle wie im englischen Garten. Der Hauptunterschied zwischen beiden Stilen liegt darin, daß die Pflanzen eines englischen Gartens in ein deutlich artikuliertes Gerüst eingebunden sind, während es im Wildgarten solch eine Ordnung nicht gibt. Die Pflanzen, die die Wildgärtner am meisten bewundern, sind die zähen, unabhängigen Spezies. Man schätzt vor allem Knollengewächse, die, einmal gesetzt, sich großzügig verteilen. Auch selbstaussäende Pflanzen werden bevorzugt, und alle Gewächse, an denen die Tierwelt sich labt, weil diese eine gute Vermehrung garantieren. Nicht so beliebt sind Pflanzen, die umhegt werden müssen, obwohl der begeisterte Gärtner immer noch ein Plätzchen für ein oder zwei erlesene, aber nicht so robuste Gewächse finden wird.

»Um schön zu sein,« schrieb der Landschaftsarchitekt Charles Eliot um die Jahrhundertwende, »muß es gedeihen.« Und obwohl seine Worte für viele verschiedene Stile und Situationen gelten, passen sie besonders auf den Wildgarten, denn die Abstimmung von Gelände

Christopher Lloyd widmet den Wiesen in und um seinen Garten in Great Dixter beträchtliche Aufmerksamkeit. Diese Wiese unter einem Weißdornbusch findet sich im Garten neben dem Eingang.

Ein ganzes Feld von Amaryllis hippeastrum *wächst in der Subtropen-Abteilung der Huntington Gardens in San Marino, Kalifornien. Wenn sie im Freien angepflanzt werden, erblühen diese Blumen zu voller Pracht und behalten ihre immergrünen Blätter — vorausgesetzt, das Klima entspricht dem ihres natürlichen, südafrikanischen Habitats.*

und Bewuchs ist sein vordringlichstes Ziel. Wenn das Gärtnerische stimmt, stimmt auch das Visuelle: Pflanzen, die in einer bestimmten Nische überleben, wirken passend, weil sie sich in dieser Umwelt entwickelt haben und die entsprechende Färbung, Größe und Gestalt angenommen haben. Der Gesamteindruck ist allerdings weitaus zurückhaltender als bei anderen Gartenbaustilen. Wildblumen zum Beispiel sind vergänglicher als die hybriden Blumen, die fürs Beet gezüchtet wurden. Ihre Farben sind eher gedämpft und ihre Blüten klein, aber sie gedeihen in Feldern und Wiesen, und darin liegt die Quelle ihrer Schönheit. Bei anderen Gärten stützt sich die Schönheit vor allem auf die vom Menschen aufgezwungene Ordnung; der Naturalismus hat diese Beziehung umgekehrt. Die angewandte Künstlichkeit beschränkt sich auf ein Minimum, und die Natur wird ermutigt, im eigenen Licht zu glänzen. Für den Wildgärtner birgt jedes Fleckchen Erde den Keim eines Gartens in sich.

Wildgärten bestehen nicht ausschließlich aus Blumen und Kräutern. Ansehnliche Bäume und Sträucher bieten große Vielfalt und erweisen sich als dankbare Ergänzungen, insbesondere während der tristen Wintermonate. Nadelhölzer verwendet man oft als kräftiges Rückgrat, und Laubbäume, die ihre Blätter behalten, erwecken mit Sicherheit Interesse. Der Naturalismus hat auch einige neue Moden unterstützt. So werden beispielsweise viele Ziergräser aus eben den Gründen bewundert, wegen derer sie einst verachtet wurden: sie sind hartnäckig, und ihre winterlichen goldenen Büschel hält man nun eher für eine Bereicherung als für eine unappetitliche Gewohnheit. Samenhülsen, Stengel und verdorrte Blätter, die einst abgeschnitten

Der Sumpfgarten zu Marwood in Devon ist reich an Iris und Primeln; das Pampasgras gibt dem ganzen eine exotische Note.

*D*er Maiapfel (Podophyllum peltatum) *ist eine der vielen amerikanischen Wildblumen, die fruchtbare Waldgebiete bedecken. Er blüht im Mai und stirbt im Sommer ab.*

Rechts: Wo sich heute der Zypressengarten in Charleston, South Carolina, befindet, war einst ein Reservoir für die Bewässerung der Reisplantagen von Dean Hall. 1927 wurde der Wald aus Sumpfzypressen mit indischen und Kurumeazaleen und Narzissenbüscheln in einen Wassergarten umgewandelt. Heute kann man ihn vom Boot aus besichtigen. Taxodium distichum, *die Sumpfzypresse, ist eine laubwechselnde Konifere aus dem Südosten der USA und eine Verwandte des kalifornischen Mammutbaums. Sie wird bis zu 50 m hoch und kann bis zu 1 000 Jahre alt werden.*

wurden, weil man sie für unansehnlich hielt, beläßt man nun an Ort und Stelle und bewundert sie als Ornamente.

Es wäre allerdings ein Irrtum, den Erfolg des Wildgartens allein seiner Pflegefreundlichkeit zuzuschreiben. Er besitzt auch starken emotionellen und intellektuellen Reiz. Genauer gesagt, kommt der naturalistische Garten dem ökologischen Bewußtsein des modernen Gärtners und seinem Verantwortungsgefühl als Statthalter der Umwelt entgegen. Darüber hinaus spiegelt er zeitgenössische soziale Trends wider. Der Naturalismus ist populär, weil er im wesentlichen demokratisch ist. Die Landschaft ist nicht von den eindrucksvollen Darbietungen von Macht und Herrschaft abhängig, für die der französische Garten angelegt war, noch bemüht sie sich, ihr Publikum mit gärtnerischer Virtuosität zu verblüffen. Der Naturalismus eignet sich für eine breite Vielfalt von Ökotopen; weder ausgedehnte Ländereien noch unerschöpfliches Kapital sind vonnöten, und doch kann der Wildgarten mit seinem weiträumigen Gelände voller seltener und ungewöhnlicher Pflanzen außergewöhnlich üppig sein, ohne je übertrieben zu wirken.

Danksagung

Hiermit möchte ich mich ganz herzlich bedanken:
bei Tessa Traeger, ohne deren Hilfe dieses Buch weder angefangen noch beendet worden wäre.
bei Herrn und Frau Gianni Agnelli für ihr Interesse und die Unterstützung meiner photographischen Unternehmungen.
bei *House & Garden* sowie den Redakteuren und Art-Direktoren, die mir die richtige Richtung zeigten.
bei meinen Kindern Tom und Cady für ihre Geduld und das Verständnis, das sie gegenüber ihrer arbeitenden Mutter zeigten.
bei den Gärtnern, die die wahre Substanz dieses Buches hegten, pflegten und gedeihen ließen.

Marina Schinz

Herzlichen Dank an John und Marybeth Wcston, dic cs möglich machten. *Susan Littlefield*